HOY:
CONVERSAR Y ESCRIBIR

ABOUT THE AUTHOR

Thomas O. Bente

Dr. Bente, Assistant Professor of Spanish, Temple University, Philadelphia, has had experience teaching Spanish at the university, junior college, and high school levels. He has taught at the University of Hawaii, Mills College, San Francisco City College, and is presently Assistant Professor of Spanish and Portuguese at Temple University. In addition to language-skills classes, Dr. Bente also teaches Spanish-American literature. He has travelled extensively in Spain, Mexico, and South America.

For
H. S. B. and G. W. L.

Design: Joan O'Connor
Editing and Styling: Suzanne Shetler
Production: Sam Ratkewitch

HOY: CONVERSAR Y ESCRIBIR

1 2 3 4 5 6 7 8 9 0 KPKP 7 8 3 2 1 0 9 8 7 6

Library of Congress Cataloging in Publication Data

Bente, Thomas O
Hoy, Conversar y Escribir.
1. Spanish language—Conversation and phrase books. 2. Spanish language—Composition and exercises. I. Title.
PC4121.B37 468'.3'421 75-28465
ISBN 0-07-004808-8

HOY: CONVERSAR Y ESCRIBIR

Thomas O. Bente

McGRAW-HILL BOOK COMPANY

New York St. Louis San Francisco Auckland Düsseldorf
Johannesburg Kuala Lumpur London Mexico Montreal New Delhi
Panama Paris São Paulo Singapore Sydney Tokyo Toronto

ACKNOWLEDGMENTS

The author wishes to express his gratitude to the colleagues and graduate assistants who offered valuable suggestions during the preparation of the manuscript. In addition, particular thanks are due to Rona Dorfman, Philadelphia; Eugene Newman, San Francisco; Marta Silverberg, Philadelphia; Joanne Stein, Division of Fair Employment Practices, San Francisco; Officer T. Arthur Tapia, San Francisco Police Department; and Joseph R. Costa and Joseph Worton, Philadelphia Fire Department for their cooperation in providing specific information needed for various chapters of the text.

Finally, the author's very deep gratitude is extended to María Aurora Camacho de Schmidt, Philadelphia, for her valuable assistance and wise suggestions throughout the development of the entire text.

The author would like to thank the following persons or institutions for granting permission to use literary works contained in the text: Editorial Universitaria for "Espuma y nada más" from *Cenizas para el viento* by Hernando Téllez; Lino Novás Calvo for his "La noche de Ramón Yendía"; Editorial Joaquín Mortiz for "El Guardagujas" from *Confabulario total* by Juan José Arreola; Philadelphia Fire Department for "Plan de ejercicios para prevenir fuegos en el hogar"; Edwin Figueroa for his "Lolo Manco"; Editorial Losada for "Don Segundo Sombra" by Ricardo Güiraldes; Delia Picón-Salas for "Viaje al amanecer" by Mariano Picón-Salas; *Américas* magazine for "Las Américas y España" by Julián Marías.

Photo Credits

Page 7, El Convento Hotel, San Juan, from Puerto Rican Information Service
Page 14, Restaurante Focolare, from Mexican National Tourist Council
Page 21, La Calle Florida, Buenos Aires, from José Bermúdez, Memorial Library, Columbus
Page 28, Plaza Las Américas, Hato Rey, Puerto Rico from Puerto Rico Tourism Development Company
Page 35, Interior de una barbería, from Collins, Library of Congress Collection
Page 41, En la peluquería, from Yosh for Hair, San Francisco
Page 48, En el correo, from US Postal Service
Page 49, En el banco, from Wells Fargo Bank, N.A.
Page 57, En una carretera de México, from Mexican National Tourist Council
Page 63, Abordo un avión, from Pan American World Airways
Page 71, En la estación de ferrocarril, from MAS
Page 80, La agencia social, from Pennsylvania Department of Public Welfare
Page 87, En la agencia de turismo, from Travel Inn, Belford, New Jersey
Page 94, La policía, from Thomas O. Bente
Page 95, La policía, from Oakland Police Department
Page 102, Los bomberos, from Library of Congress Collection
Page 110, En una oficina, from Pacific Gas and Electric Company
Page 118, En el hospital, from St. Francis Memorial Hospital, San Francisco
Page 125, En una fábrica de México, from OAS, Washington, D.C.
Page 131, Entrevista para periodistas, from Pan American Union, Memorial Library, Columbus
Page 139, Teatro Colón, Buenos Aires, from Pan American Union, Memorial Library, Columbus
Page 140, Un espectáculo, from Puerto Rican Information Service
Page 150, Una lección de agricultura, from Mexican National Tourist Council
Page 151, En la pampa argentina, from Moore-McCormick Line, Memorial Library, Columbus
Page 161, Pasando por la inmigración, from US Immigration and Naturalization Service
Page 168, En un apartamento, from Workbench
Page 175, En una universidad de Bolivia, from Hamilton Wright, Memorial Library, Columbus
Page 182, Un partido de fútbol, Argentina, from Pan American Union, Memorial Library, Columbus
Page 190, Señora y niño, photographed for Eli Lilly and Company by Duane Michaels
Page 196, Una lagunilla, from M. Jay Goodkind
Page 202, Escena de guerra de la película, *The Longest Day*, from 20th Century Fox Film Corporation
Page 211, La drogadicción, from US Department of Justice, Drug Enforcement Administration
Page 219, El jurado, from Fireman's Fund American Insurance Companies
Page 230, Un discurso político, Río de Janeiro, from International News Photo, Memorial Library, Columbus
Page 231, El banquete político por Liberian, from Smith, Library of Congress Collection

PREFACE

HOY: CONVERSAR Y ESCRIBIR is a conversation-composition textbook designed for students who have mastered the basics of Spanish. Since the contents of the text are topical and of practical use in daily life, the situations portrayed may be used to augment and reinforce significantly the student's command of Spanish.

Each chapter is structured so that vocabulary enrichment is accomplished through the presentation of new words, exercises to activate the vocabulary, a dialogue, narrative, or quote to reinforce the new material, a photograph which calls for utilization of the new material, and topics for discussion and written development. Thus, the student is led into each chapter's topic logically and soundly with significant expansion of vocabulary, reinforced through exercises, plus a written passage. Finally, the student employs the new material on his or her own.

The photograph and corresponding *Posibilidades* for role-playing are the culmination of each chapter. It is the author's contention that presenting a student with a photograph and suggesting role-playing exercises on the basis of the photograph encourages creativity and verbalization. The student is motivated by the photograph to react; the reaction is then converted into a desire to verbalize an interpretation or response in Spanish. Allowing the student to express himself or herself freely, while adhering to the specific topic, stimulates imagination, involvement in one's own effort, and attention to vocabulary and grammar at the same time.

After role-playing in the scene depicted, the questions for discussion and ideas for composition explore related issues. Some are designed simply to make the student express himself or herself, while others make the student think deeply before verbalizing an answer. Of course the instructor is at liberty to decide which questions should be explored, pursued, or stressed, depending on the interest of the student.

The text teaches the student to use the language in a natural way in both Hispanic and Anglo-American settings. The book is predicated on the belief that language facility should be transferable and applicable from one culture to the other. Thus, the text stresses the commonality of language rather than the exclusivity of cultural bounds.

CONTENTS

LA VIDA URBANA

LA VIDA PROFESIONAL

LA VIDA CONTEMPORÁNEA

Capítulo

PRIMERA UNIDAD
LA VIDA URBANA

VOCABULARIO ÚTIL

alojarse pasar una temporada en un hotel
inscribirse firmar la tarjeta al llegar a un hotel y recibir la llave
irse pagar la cuenta y salir del hotel
la habitación cuarto donde uno está alojado, donde uno duerme
el sencillo habitación para una persona
el doble habitación para dos personas
el equipaje todas las maletas en conjunto
el botones mozo que lleva el equipaje
el (la) huésped el (la) que se aloja en un hotel
el correo correspondencia
el ascensor elevador
la camarera, la mucama mujer que limpia las habitaciones
la propina dinero sobre el precio convenido que se da por algún servicio
el portero mozo que ayuda a los que llegan a un hotel o que se van de un hotel
el chofer de taxi el que conduce un taxi
la caja lugar donde se paga la cuenta
la recepción Para inscribirse en un hotel, uno tiene que pasar a la recepción.

el vestíbulo lobby
la casilla mailbox
el piso floor
el cambio (rate of) exchange
los cheques de viajero traveler's checks
el servicio de cuarto room service

Ejercicios de vocabulario

I Escoja la expresión correcta de la siguiente lista para contestar a las siguientes preguntas con una oración completa.

inscribirse	propina
recepción	cheques de viajero
huésped	chofer de taxi
servicio de cuarto	cuarto sencillo

1 ¿Qué se obtiene en el banco antes de viajar si uno no quiere llevar dinero en efectivo?
2 Cuando uno llega a un hotel, ¿qué hay que hacer primero?
3 ¿Cómo se llama el que maneja un taxi?
4 Si uno viaja solo, ¿qué clase de habitación pide?
5 En un hotel, ¿adónde hay que llamar si uno quiere desayunar en la habitación?
6 ¿Qué se da al botones por su ayuda?
7 ¿Cómo se llama la persona que se aloja en un hotel?
8 ¿Dónde se firma la tarjeta y se recibe la llave del cuarto en un hotel?

II Complete cada oración con la forma apropiada de una palabra de la lista.

equipaje	piso
vestíbulo	camarera
casilla	cambio
llave	irse

1 El conjunto de valijas es el ______________ .
2 Creo que el ______________ aquí es muy desfavorable para nosotros. Vamos al banco.
3 Ud. casi nunca encontrará el ______________ número trece en un edificio. Es cosa de superstición.
4 Ellos tienen que pagar la cuenta antes de ______________ del hotel.
5 No comprendo por qué no han limpiado el cuarto. Llame a la ______________ .
6 Alfonso dejó la ______________ en casa. Vamos a ver si Alicia tiene la suya porque no podemos abrir la puerta.
7 El ______________ del hotel es un lugar público.
8 No puedo ver si hay correspondencia en la ______________ ; pregúntele al administrador.

III Reemplace las palabras en letra negra con la forma apropiada de un sinónimo o una expresión parecida de la lista.

doble	correo
habitación	ascensor
botones	portero

1 ¡Qué curioso! Desde que llegué no he recibido **correspondencia.**
2 Si no funciona **el elevador,** baje por la escalera.

3 Nos gustó mucho **el cuarto** porque daba al mar y siempre había una brisa fresca.
4 Pida **al encargado de la puerta** que llame un taxi, por favor.
5 Este cuarto es demasiado pequeño; voy a bajar a ver si tienen **una habitación para dos personas** con cama matrimonial.
6 **El mozo** nos enseñó a poner la calefacción.

DIÁLOGO En el hotel

Raúl y su señora Alicia se preparan para irse del hotel donde han sido huéspedes por un corto tiempo. Conversan en la habitación.

comunicarse con to contact, to get in touch with

Raúl No puedo comunicarme con la telefonista para que suba el botones. No responde.

Alicia Gracias a Dios que no es una llamada de emergencia.

Raúl Aló. . . ¿No nos puede mandar un botones por favor, para que recoja el equipaje?. . . Sí, al cuarto 719. Y por favor, avise a la caja para que nos preparen la cuenta. Gracias.

Alicia ¿Ya viene?

cerrojo lock

Raúl Sí, ahora mismo. Oye, ayúdame, por favor. Mientras yo aprieto la maleta, tú la cierras. Desde que se nos rompió este bendito cerrojo, es muy difícil cerrarla.

nuevecito brand new

Alicia Y tan nuevecita que está. Eso no debía haber pasado.

botar to throw away

Raúl Verdad. En cuanto lleguemos a casa voy a devolverla a la tienda donde la compramos y reclamar el dinero. Lo malo es que boté el recibo. *(Suena el timbre.)*

Pase no más Come right in

Alicia Ya llegó. Voy a abrirle la puerta. Pase no más.

Botones Gracias.

demorar tomar mucho tiempo

Raúl Aquí está el equipaje. Cuidado con esa maleta, por favor, que no se cierra bien. Uds. deben estar muy ocupados; se demoró mucho antes de contestar el teléfono.

temporada season

Botones Vienen muchos turistas en esta temporada, Ud. sabe. Además, acaba de llegar un autobús de turismo lleno de japoneses y había cierta confusión en el vestíbulo porque aquí nadie habla japonés. Ahora que Uds. se van, creo que ésta será la única habitación desocupada de este piso. ¿Les gustó su visita?

Alicia Nos encantó. A pesar de que es un lugar tan concurrido, es ideal para descansar. En la vida he visto jardines tan cuidados y pájaros tropicales tan bonitos. Y la piscina es fantástica.

concurrido crowded
En la vida "Never in my life . . ."

Botones Me alegro de que les haya gustado tanto.

(Abajo en la recepción)

Raúl ¿Puede dejar las maletas allí cerca de la puerta mientras liquido la cuenta?

Botones Cómo no.

(Después)

Alicia ¿Cómo te fue? ¿Todo bien?

Raúl Sí, más o menos. Qué lástima que no me haya acordado de cambiar mi dinero en el banco. Aquí no dan ninguna ventaja.

Alicia Me lo imagino. ¿Por qué no usaste tu tarjeta de crédito?

Raúl Lo mismo da. Cuando ajusten la diferencia, es posible que se haya devaluado más nuestra moneda. Oye, vamos. No queda mucho tiempo. ¿Es nuestro botones aquel que está allí?

dar lo mismo to be all the same
moneda currency

Alicia Sí, es él.

Raúl ¿Nos quiere ayudar otra vez? Aquí, tome. *(Le da la propina.)*

Botones Sí, señor, con todo gusto. Siempre hay taxis allí afuera, a la entrada.

Raúl ¿Siempre usan el taxímetro o hay que regatear?

regatear to bargain

Botones Pierda cuidado, señor. Todo está regido por el departamento de turismo del estado y no hay abusos. Ud. paga sólo lo que indica el taxímetro.

perder cuidado no preocuparse

Raúl Gracias. Oye, Alicia, ven.

Preguntas

1. ¿Por qué está Raúl un poco molesto con el teléfono?
2. ¿Qué pasó con la maleta nueva?
3. ¿Qué piensa hacer Raúl cuando vuelvan de su viaje?
4. ¿Qué hizo Raúl con el recibo?
5. Según el botones, ¿por qué hubo desorden en el vestíbulo?
6. ¿Qué indica que el hotel esté lleno?
7. ¿Qué aspectos del hotel le han gustado más a Alicia?
8. A Raúl, ¿qué se le había olvidado hacer antes de liquidar la cuenta en el hotel?
9. ¿Por qué tienen que apresurarse?
10. ¿Cómo saben Alicia y Raúl que el taxista no cobrará más de lo que debe?

Expansión de vocabulario

I Reemplace las palabras en letra negra con un sinónimo o una expresión parecida.

1 Será difícil **ponerse en contacto** con ellos; no dejaron ninguna dirección cuando se mudaron.
2 **Toma mucho tiempo** hacer una llamada a un lugar tan lejano. Voy a darle el número a la telefonista y me voy a esperar en el bar.
3 Si el precio no es fijo, hay que **discutirlo** hasta ponerse de acuerdo.
4 La mucama me dijo, «**No se preocupe,** señor. Dejaré la ropa limpia en su cuarto en cuanto se la haya lavado y planchado.»
5 **Es igual** mandar un telegrama que llamar por teléfono.
6 ¿Te gustó la película? Sí, me **fascinó.**

Discusión de la fotografía

1 ¿Dónde está la pareja?
2 ¿Qué está haciendo la mujer que está sentada a la derecha?
3 ¿Cuáles son algunos de los adornos usados para embellecer el vestíbulo?
4 ¿Qué hora del día es? ¿Cómo se sabe?
5 ¿Qué tipo de arquitectura es la del vestíbulo?

Posibilidades

1. Como si Ud. fuera el señor o la señora del balcón, invente una conversación con otra persona sobre su estancia en el hotel.
2. Tomando el punto de vista de la mujer sentada, escriba un monólogo interior sobre sus pensamientos, sus impresiones del hotel, por qué está allí y qué piensa hacer.
3. Imagínese ser un botones o una mucama que trabaja en este hotel. Describa su trabajo en el hotel y sus experiencias con la gente que viene a visitar.

Para la discusión oral

1. ¿Qué hay que hacer al llegar a un hotel?
2. ¿Cuál es la diferencia entre un hotel y un motel en los Estados Unidos? ¿Cuál prefiere Ud. y por qué?
3. ¿Cuáles son los criterios para juzgar cuando un hotel es bueno, malo o mediocre?
4. Invente una conversación telefónica entre el gerente de un hotel y un turista que quiere reservar una habitación.

Temas de composición

1. Describa Ud. el mejor y el peor hotel en que se haya alojado.
2. Escriba una carta a un hotel pidiendo reservaciones para dos personas.
3. Escriba la contestación del hotel.

CAPÍTULO 2
EN EL RESTAURANTE

VOCABULARIO ÚTIL

desayunar(se), tomar el desayuno comer por la mañana
almorzar, tomar el almuerzo comer al mediodía
comer, tomar la comida comer por la tarde o por la noche
cenar, tomar la cena comer por la noche
¡Oiga! expresión para llamarle la atención al camarero
el cubierto precio fijo de la comida; «place setting»
el cuchillo instrumento de hoja de acero para cortar
el tenedor utensilio que con el cuchillo se usa para cortar
la cuchara instrumento de forma oval para comer alimentos líquidos
la cucharita cuchara pequeña para postre, café o té
la servilleta paño que se coloca en las piernas para limpiarse los dedos y los labios
el entremés algo que se come antes del plato principal
el agua potable agua que se puede beber

el pan bread, roll
el panecillo roll
las galletas saladas crackers
las galletas dulces cookies
crudo raw, rare
término medio medium

a la parrilla broiled, grilled
al horno baked
frito fried
cocido boiled
revuelto scrambled
el agua mineral mineral water

bien cocinado, cocido well-done
picante hot, spicy
con gas carbonated
sin gas noncarbonated

Los condimentos

el aceite oil
el ajo garlic
la mostaza mustard
la pimienta pepper
la sal salt
la salsa de tomate catsup

Las carnes

la carne de vaca, de res beef
el carnero mutton
el cerdo, puerco pork
el cordero lamb
los fiambres cold cuts
el filete tenderloin
el hígado liver
el jamón ham
la ternera veal
el tocino bacon

Las sopas

el caldo broth
el consomé consommé
el potaje potage
la sopa de fideos noodle soup

Los pescados

el bacalao cod
el lenguado sole, flounder
el salmón salmon
la trucha trout
la merluza hake

Los mariscos

la almeja clam
el camarón shrimp
el cangrejo crab
la langosta lobster
el langostino prawn
el ostión, (la ostra) oyster
el mejillón mussel

Las aves

la gallina hen
el ganso goose
el pato duck
el pavo turkey
el pollo chicken

Las legumbres y verduras

los guisantes, las alverjas peas
la alcachofa artichoke
el apio celery
la cebolla onion
la col cabbage
la coliflor cauliflower
las espinacas spinach
los frijoles (kidney) beans
las habas (lima) beans
las judías verdes string beans
la lechuga lettuce
(el puré de) papas (mashed) potatoes
el pepino cucumber
el rábano radish
la remolacha beet

Los postres

el budín pudding
la compota stewed fruit
el flan custard
el helado ice cream
las nueces nuts
el pastel pastry

Las frutas

el albaricoque apricot
la cereza cherry
la ciruela plum
la ciruela pasa prune
la guayaba guava
el higo fig
la lima lime
el limón lemon
la manzana apple
el melocotón, el durazno peach
el melón melon
la naranja orange
la pera pear
el plátano, la banana banana
la toronja grapefruit
la uva grape

Ejercicios de vocabulario

I Complete cada oración con la forma apropiada de una palabra de la lista.

comida
picante
postre
tenedor
revuelto
salsa de tomate
término medio
marisco
galletas saladas
servilleta

1 *Food, meal* y *dinner* se expresan con la palabra ______________ en español.
2 No, no pedí huevos cocidos sino ______________.
3 Para cortar la carne, se usan el cuchillo y el ______________.
4 Los ostiones y los camarones son mis ______________ favoritos.
5 Uno puede acompañar la sopa con ______________ y el helado con las dulces.
6 Prefiero mi bistec ______________, por favor.
7 ¿No quieres echar un poco de ______________ a tu hamburguesa?
8 La madre le dijo al hijo que se limpiara la boca con su ______________.
9 La comida mexicana tiene fama de ser más ______________ que la norteamericana.
10 El camarero dice, «De ______________, tenemos flan, pastel o helado de vainilla o chocolate.»

II Explique la diferencia entre cada una de las siguientes palabras.

1 la cuchara y la cucharita
2 el ajo y los guisantes
3 la trucha y la langosta
4 el tocino y el pollo
5 la lechuga y la cereza

DIÁLOGO En el restaurante

El Sr. del Valle y su invitado, el Sr. Morán, llegan al restaurante «El Rincón» a las dos y pico para almorzar. Entran y conversan.

pico un poco más

Sr. del Valle Me han hablado muy bien de este lugar. Ojalá sea bueno. Por lo menos tiene un ambiente muy acogedor.

acogedor warm, appealing

Sr. Morán A juzgar por la gente, tiene que serlo. No veo ni una mesa desocupada.

Sr. del Valle Verdad. Debía haber hecho una reservación, pero no creí que fuera necesario. Ahí viene el maitre. . . . A ver qué dice.

Maitre Buenas tardes, señores.

Sr. del Valle Buenas tardes, señor. ¿Hay mesa para dos?

Maitre Sí, señores, pasen por aquí, por favor.

Sr. Morán *(haciendo un gesto a su anfitrión)* Pase Ud. primero.

hacer un gesto to gesture
anfitrión host

(Sentados a la mesa)

Sr. del Valle No es un menú muy variado, que digamos. Parece que se limitan a cinco o seis especialidades de la casa. Buena idea, me parece. ¿Qué le apetece?

que digamos you might say
apetecerle a uno querer, interesar

Sr. Morán No sé todavía. Estoy siguiendo un régimen para bajar de peso y no quiero echarlo a perder todo.

bajar (subir) de peso to lose (gain) weight
echar a perder arruinar

Sr. del Valle Sí, de veras, había notado que se ve Ud. más delgado. Felicidades . . . pero deje de preocuparse por un momento.

Sr. Morán Debo resistir la tentación, amigo. Me basta con un asado o una tortilla a la española.

tortilla a la española Spanish omelette

Sr. del Valle Ud. se lo pierde, pero la langosta con salsa mayonesa me suena deliciosa. Y mire . . . creo que es lo que está comiendo ese señor de al lado. Y qué buena pinta tiene . . . no más de verla se me abre el apetito.

perdérselo a uno to be too bad for one
abrírsele a uno el apetito to get hungry

Sr. Morán Bueno, si Ud. come pescado y yo el bistec, ¿qué clase de vino pedimos para los dos?

Sr. del Valle Un rosado, ¿no le parece? ¿Puedo llamar al mozo?

Sr. Morán Sí, sí . . .

Sr. del Valle Psst . . . *(dando unas palmadas)* Oiga . . . mozo . . .

Mozo Sí, señores, ¿han decidido? Si me permiten una recomendación, la langosta está especialmente rica . . . muy fresca y tan bien preparada que es un manjar de reyes.

manjar plato especialmente rico y bueno

Sr. del Valle ¿Qué le dije? ¿Quiere cambiar?

Sr. Morán Caramba . . . no tengo fuerza de voluntad. Dos langostas, por favor.

fuerza de voluntad will power

Sr. del Valle Y media botella de vino blanco, entonces, ¿no?

(Cuando llega el almuerzo)

Sr. del Valle Escogimos bien. Buen provecho, amigo.

Sr. Morán *(brindando)* Gracias . . . y a la salud.

brindar to toast

Preguntas

1. ¿A qué hora llegan los dos amigos para almorzar?
2. ¿Cómo sabía el Sr. del Valle del restaurante «El Rincón»?
3. ¿Qué debía haber hecho el Sr. del Valle antes de ir al restaurante?
4. ¿Por qué es una buena idea que un restaurante se limite a unas cuantas especialidades?
5. ¿Por qué no puede pedir todo lo que quiere el Sr. Morán?
6. ¿Cómo sabía el Sr. del Valle que su amigo había estado a dieta?
7. ¿Con qué se va a conformar el Sr. Morán?
8. Para el Sr. del Valle, ¿cuál fue la mejor indicación de la buena calidad de la langosta?
9. ¿Cómo le llama la atención al mesero en los países latinos? ¿Cómo se hace en los Estados Unidos?
10. ¿Sigue firme el Sr. Morán o se deja vencer por la tentación?

Expansión de vocabulario

I Reemplace las palabras en letra negra con un sinónimo o una expresión parecida.

1. Aquel señor acaba de celebrar su cumpleaños. Creo que tiene unos cuarenta y **tantos.**
2. Me gusta más este salón del restaurante; el ambiente es muy **confortable,** con la chimenea y las velas.
3. ¿Puede ver si hay un asiento **libre** allí en la parte trasera del autobús?
4. El pastel de canela **se arruinó** porque lo dejó demasiado tiempo en el horno.
5. Cuando era muchacho, Pepe era muy alto y **flaco** para su edad.
6. Mire qué linda **está** la niña con su vestido rojo.
7. Sólo de ver las tortas de esta panadería **me entra hambre.**
8. Permítame darle una **sugerencia;** las chuletas de cordero son una de las especialidades de la casa.

Discusión de la fotografía

1 ¿Qué han hecho los dueños para hacer atractivo el restaurante?
2 ¿Qué instrumentos tocan los músicos?
3 ¿Quién es el señor del sombrero blanco alto en el centro al fondo?
4 ¿Qué se ve en el lado izquierdo inferior de la fotografía?

Posibilidades

1 Como si Ud. fuera una de las cuatro personas sentadas a la mesa de la izquierda, invente una conversación entre Ud. y los demás.
2 Escriba una conversación entre la pareja que está sentada a la mesa de la extrema derecha y el camarero que los atenderá.
3 Imagínese ser uno de los músicos. Describa su trabajo, su vida y algunas experiencias con la gente que viene a comer.

Para la discusión oral

1 Tanto los españoles como los hispanoamericanos suelen tomar el almuerzo y la comida más tarde que los norteamericanos. El almuerzo, por ejemplo, es a las dos, seguido por una siesta (en algunas partes), y se toma la comida por la noche entre las ocho y las diez. ¿Qué opina Ud. de esta costumbre? ¿Le gustaría experimentarla? ¿Por qué?
2 ¿Ha seguido Ud. un régimen severo alguna vez para bajar o subir de peso? ¿Qué podía o no podía comer? ¿Tuvo éxito? Describa la experiencia.
3 ¿Cuál es la manera más eficaz para bajar o subir de peso?
4 ¿Qué hace Ud. en un restaurante si la comida y el servicio son malos?

Temas de composición

1 Describa su experiencia en el mejor o peor restaurante en que haya estado.
2 Prepare el menú para una comida típica:
 a en su casa.
 b en un restaurante muy elegante.
 c en un restaurante común y corriente.
3 Si Ud. ha viajado una vez por un país hispano, describa la cocina del país.

CAPÍTULO 3
CONOCIENDO LA CIUDAD

VOCABULARIO ÚTIL

el ómnibus, el autobús vehículo de transporte para pasajeros
la guagua autobús (en los países del Caribe)
el tranvía tren urbano (eléctrico) de transporte
el pesero, el colectivo coche de alquiler o taxi de ruta fija
el metro tren subterráneo
tardar demorar, retrasar
subir (a) abordar
bajar (de) descender
estacionar(se) encontrar lugar para el coche, aparcar, parquear
multar, poner una multa exigir pago por una infracción de tráfico
perderse no saber dónde uno está
ubicarse orientarse
el cruce, la bocacalle donde se encuentran dos calles
el estacionamiento aparcamiento, parking
las afueras alrededores, regiones cercanas de una ciudad
la esquina donde se encuentran dos calles

a la derecha to the right
a la izquierda to the left
(todo) derecho straight ahead
en frente ahead, in front, across the street
a la vuelta around the corner
doblar to turn
dar vuelta to turn, to turn around
dar la vuelta to drive around (the block)
dejar to let off
el centro downtown
la cuadra block (one street to the next)
la manzana entire square block
la acera, la vereda, la banqueta sidewalk
el borde de la acera (de la calle) curb
la calle de vía única, de un sentido one-way street
el atajo short cut
calle arriba up the street
calle abajo down the street

Ejercicios de vocabulario

I Complete cada oración con la forma apropiada de una palabra de la lista.

derecho	tardar
afueras	en frente
estacionarse	izquierdo
multar	doblar
dar una vuelta	atajo

1 Oye, Francisca, voy a entrar en ese almacén. ¿Por qué no ______ a la manzana y me encuentras aquí mismo?
2 Casi siempre está prohibido ______ donde hay posibilidad de obstruir una entrada.
3 La fábrica de telas se encuentra en las ______ de la ciudad, pero vale la pena ir a visitarla.
4 —Por favor, señor, ¿cuándo pasará otro autobús? Hace tanto tiempo que estoy esperando.
—No se preocupe Ud. Ya no debe ______ mucho. Casi siempre vienen uno tras otro.
5 Le aconsejo buscar asiento en el lado derecho del autobús. Del lado ______ hará sol durante casi todo el itinerario.
6 No puedes estacionarte aquí. Si dejas el carro te van a ______.
7 El policía me dice que siguiendo ______, encontraré el edificio que estoy buscando.
8 Si es una calle de vía única, Ud. no puede ______ en dirección contraria.
9 Claro que Ud. puede ir por Santa María, pero ¿por qué no tomar el ______? Es mejor evitar la ciudad.
10 A los lados de la plaza están los edificios de gobierno. Al fondo está la catedral, y ______ el parque «El Bosque.»

II De la lista B, escoja el mejor complemento a la primera parte de la oración en la lista A.

	A		B
1	El policía	1	hubo un choque muy grave anoche.
2	El joven turista	2	está muy resbalosa con el hielo. No te caigas.
3	La anciana	3	bajó difícilmente del autobús usando el bastón.
4	La acera	4	espera a los pasajeros en frente del hotel.
5	Los suburbios	5	están decorados para la Navidad.
6	Los edificios	6	son muy largas, me parece.
7	El tranvía	7	se encuentran no muy lejos de la ciudad.
8	En la bocacalle	8	no pudo orientarse y pidió direcciones.
9	Las cuadras	9	consume electricidad y no gasolina.
10	El taxi	10	multó al automovilista por haber cometido una infracción.

III Complete el siguiente diálogo con expresiones escogidas de la lista.

tomarlo — a la vuelta
metro — perderse
estacionamiento

—Te aconsejo no llevar el carro hoy. El tráfico es terrible los sábados; todo el mundo va al centro y no hay __________. Además, el __________ es muy rápido y te lleva al mismo centro.

—Tienes razón. Y ¿dónde puedo __________?

—Aquí no más, __________ de la esquina. Es imposible __________ porque hay muchos letreros que indican las paradas.

DIÁLOGO Conociendo la ciudad

Felipe y Tomás, dos estudiantes universitarios de Madrid, están haciendo un viaje por la América Latina durante las vacaciones. Hoy han decidido recorrer una ciudad hispanoamericana a pie. Se paran en una esquina para consultar el mapa.

recorrer pasear para conocer o por placer

a pie caminando

Felipe Yo creo que andamos completamente perdidos ahora, Tomás. Mira . . . hemos llegado a la misma sección residencial de la ciudad, sin dar con la pequeña iglesia barroca que tanto quería ver.

dar con encontrar

Tomás Pues, no me eches la culpa a mí; ya te dije que debíamos doblar allí atrás donde Miraflores cruza con la Calle Doce. Una brújula nos guiaría mejor que este bendito mapa que otro turista que conocimos en el avión ayer nos regaló.

echar la culpa to blame

brújula compass

manosear to handle
por poco casi
romper(se) to tear
cinta engomada tape

Casi es imposible leerlo porque las letras están ya muy borrosas de tanto que lo han manoseado.

Felipe Ya sé; por poco se me rompe por completo esta mañana cuando quise consultarlo. El portero me dio cinta engomada para pegarlo, pero ya ves . . .

Tomás En fin, a la derecha está el parque que veo aquí, y ésta debe ser la Avenida Mayo a la izquierda. ¿Puedes ver el nombre en el letrero de en frente?

parada stop

Felipe Sí, y dice otra cosa. Oye, al otro lado de la calle hay una parada y una señora que parece saber donde está. Está bajando del autobús . . . esa del abrigo gris. Vamos a preguntarle.

(Hablando con la señora)

Felipe Dispense, señora. Estamos buscando la Iglesia de la Santa Fe pero andamos perdidos. ¿Nos podría ayudar?

semáforo traffic light

Señora Cómo no, señores. Sigan Uds. derecho por esta calle hasta el final y entonces doblen a la derecha. Caminen tres cuadras hasta el semáforo; doblen a la izquierda, y a la mitad de la cuadra a mano derecha está la iglesia que buscan.

Felipe Muy agradecidos, señora. Es Ud. muy amable.

Señora De nada. ¿Uds. son visitantes aquí?

Tomás Sí, señora; somos de España.

irle a uno bien (o mal) for things to go well (or poorly)

Señora Bueno, que les vaya bien. Hasta luego.

(Después, en el cruce del semáforo)

alcanzar ser suficiente

Felipe Oye, ¿tienes otro rollo de película? Me quedan sólo tres fotos en el mío, y no creo que alcancen. Si no tienes, tendré que entrar en esa tienda de fotografía para comprar más.

Tomás Sí, traje dos extras. Me lo devuelves después. Ya se ve la fachada de la iglesia de aquí; vamos.

Felipe ¿No te parece curioso ver un edificio de estilo barroco rodeado de tantos edificios modernos? A mí, sí.

por fuera en el exterior

Tomás Sí, verdad . . . y mira qué bien han conservado la iglesia. Se ha conservado perfectamente por fuera. ¿Cómo será el interior?

(Saliendo de la iglesia)

Felipe Oye, la realidad es que esta iglesia es tan espectacular como se ve en las fotografías.

Tomás Tienes razón.

Preguntas

1 ¿De dónde son Felipe y Tomás?
2 ¿Adónde han llegado cuando descubren que están perdidos?
3 ¿Cuál es el interés especial de Felipe como turista en la ciudad?
4 ¿Cómo consiguieron el mapa que usan? ¿Por qué no les sirve mucho?
5 ¿Qué pasó por la mañana cuando Felipe quiso ver el mapa? ¿Cómo lo reparó?
6 ¿Por qué deciden pedir informes a la señora? ¿Es atenta ella?
7 ¿Tienen que andar mucho para encontrar la iglesia?
8 ¿Qué le preocupa a Felipe antes de llegar a la iglesia?
9 ¿Por qué le parece curioso a Felipe ver la iglesia en el lugar donde está?
10 ¿En qué estado se encuentra la iglesia?

Expansión de vocabulario

I Reemplace las palabras en letra negra con un sinónimo o una expresión parecida.

1 Estoy un poco preocupado; no sé si **hay suficiente** comida para tantos. Esperábamos sólo seis, y vienen ocho.
2 Si va **caminando,** Ud. puede llegar a la plaza en media hora.
3 El Sr. Alarcón trató de **culpar** al otro automovilista por los daños del accidente, pero el juez no lo creyó.
4 **Casi** me caigo cuando fui a cruzar la calle.
5 La pintura todavía no se ha secado **en el exterior;** hay que esperar un día más para darle la segunda mano.

Discusión de la fotografía

1 ¿Cómo están vestidos la mayor parte de los peatones? ¿Qué clima indica su ropa?
2 ¿Qué tipo de negocios hay a lo largo de la calle?
3 ¿Qué es lo que está mirando el hombre calvo que está a la derecha de la foto?
4 La fotografía muestra una calle céntrica cerrada al tráfico. Este tipo de vía exclusiva para peatones es común en Hispanoamérica y en Europa, pero no es tan común en los Estados Unidos. ¿Qué pensaría Ud. de que se cerraran al tráfico algunas calles céntricas de su pueblo o ciudad? ¿Cuáles serían las ventajas y(o) desventajas de tal cambio?

Posibilidades

1. Imagínese estar en esta calle de Buenos Aires. Ud. no conoce la ciudad y por eso se dirige a una de las personas en la foto para pedir informes. Invente la conversación entre Uds. dos.
2. Imagínese ser la señora elegante de las gafas negras. Ud. ve a una persona conocida en la calle. Explíquele a la otra persona que Ud. se ha mudado a otra zona de la ciudad y déle instrucciones para llegar a su casa.

Para la discusión oral

1. ¿Cuáles son los sitios de interés turístico en su ciudad? Descríbalos como si Ud. le sugiriera a un amigo recién llegado a la ciudad que los visitara.
2. En la ciudad en que Ud. está, dé direcciones para ir:
   - **a** de su residencia a la escuela.
   - **b** de la escuela a la biblioteca.
   - **c** de una iglesia a un parque.
   - **d** del centro a la entrada de una carretera principal.
3. Hay grandes diferencias de opinión sobre la manera más conveniente de conocer una ciudad que se visita por primera vez. Unos opinan que es mejor recorrerla en excursiones o giras de turismo; otros piensan que es mejor andar solos. También entran en la discusión los factores del tiempo disponible y la cuestión de dominio de otra lengua si uno está en el extranjero. ¿Cuál en su opinión es la manera más eficaz de conocer una ciudad que Ud. visita por primera vez?

Temas de composición

1. ¿Se perdió Ud. alguna vez en una ciudad que visitaba por primera vez? ¿Qué pasó?
2. Describa Ud. la ciudad más interesante que Ud. haya visitado. Para Ud., ¿qué rasgos la distinguen de otras ciudades?

CAPÍTULO 4

EL VIAJE DE COMPRAS

VOCABULARIO ÚTIL

el almacén tienda grande en que se vende de todo
la caja lugar donde se paga
(pagar) al contado pagar en el momento con dinero
(pagar) a crédito arreglo para llevar mercancías y pagar después
(pagar) a plazos pagar una cantidad mensualmente
el anticipo cantidad que se paga al principio para pagar lo demás después
regatear discutir el precio
el regateo discusión sobre el precio
rebajar disminuir (el precio)
la rebaja descuento
la liquidación venta especial a precios rebajados
de (en) venta que se ofrece para vender
al por mayor vender solamente en grandes cantidades
al por menor, al menudeo venderles a los clientes en pequeñas cantidades
agotar(se) no quedar, acabarse

el escaparate, la vidriera show window
la vitrina showcase
el mostrador counter
el surtido stock
en existencia, en almacén in stock

la calidad quality
hecho a mano handmade
estilarse to be used, to be common (clothes or a custom)
estar de moda to be in fashion
el par pair
hacer juego (con) to match
el juego match, set
la talla size (article of clothing)
el dibujo design
color liso solid color
rayado, de rayas striped
a cuadros checkered
probar(se) to try (on, out)
quedarle a uno bien (o mal) to look (fit) well (or poorly)
sentarle a uno bien (o mal) to be (not be) becoming
estrecho, ajustado tight fitting
ancho loose fitting
hecho ready-made
hecho a la medida tailor-made
la tela cloth, fabric
el paño cloth
el tejido weave, texture
el ante, la gamuza suede
el encaje lace
el raso satin
la seda silk
el lino linen
el terciopelo velvet
la pana corduroy
ligero light
grueso heavy
el sastre tailor
la sastrería tailor shop
la modista dressmaker
la costurera seamstress
la hechura tailoring
las correcciones, los arreglos alterations
el vestido (woman's) suit, dress
la raya crease
el pliegue pleat
el ruedo, el dobladillo hem
el traje (man's) suit
el saco (suit or sport) jacket
el saco recto (cruzado) single (double) breasted
el forro lining
los pantalones trousers
las arrugas wrinkles
las mangas cortas (largas) short (long) sleeves
el cierre zipper
el doblez, la vuelta cuff (of trousers)
el puño cuff (of shirt)
el tacón heel

Ejercicios de vocabulario

I Reemplace las palabras en letra negra con la forma apropiada de un sinónimo o una expresión parecida de la lista.

estar de moda
agotarse
regatear
costurera
no quedar bien

1. No, señor, basta. No quiero **discutir el precio** ni un minuto más.
2. La dependiente le dijo: «Lo siento, señora, en su talla **se acabó** el diseño que Ud. busca.»
3. Hay que llevar esta falda a **la señora que cose** para que haga los arreglos.
4. El hombre flaco se dio vuelta ante el espejo y decidió que el saco **le quedaba estrecho** en los hombros.
5. Los zapatos de tacón tan alto **son muy populares** en Francia donde se originan las modas más famosas.

II Complete cada oración con la forma apropiada de una palabra de la lista.

a plazos	mangas cortas
escaparate	mostrador
de rayas	rebaja

1 El hombre decidió comprar una camisa ________________ para hacer juego con su nuevo traje de color liso.
2 Mire, señor, soy estudiante. ¿No podría descontar el precio un poquito—es decir, no me hace una pequeña ________________?
3 Como no tenían dinero, decidieron comprar ________________ la televisión a colores.
4 Es solamente un picnic en el parque. Puedes vestirte de ________________. Y no tienes que llevar chaqueta.
5 El señor sacó su billetera y la puso sobre el ________________ mientras buscaba una de estilo y color semejantes.
6 La decoración de los ________________ siempre tiene un encanto especial cuando tienen expuesta la ropa de primavera.

III Conteste si la oración es verdadera o falsa. Si es falsa, cámbiela por una verdadera.

1 Si el vestido le queda perfecto, no hay razón para pedir arreglos.
2 Es recomendable ponerse ropa ligera cuando está nevando.
3 Muchos impermeables están hechos de encaje para resistir la lluvia.
4 Uno va a la relojería para pedir un traje hecho a la medida.
5 Si es posible, es mejor ponerse una prenda nueva antes de comprarla para ver si queda bien.
6 Cuando hay una liquidación, casi siempre suben los precios.
7 El forro grueso protege contra el frío.
8 Una empresa que vende al por mayor hace negocios con cualquier persona.
9 Generalmente, las cosas hechas a mano cuestan mucho menos que las hechas a máquina.
10 Las prendas hechas de telas sintéticas no se arrugan tanto, por lo general, como las de algodón o de lana.

NARRATIVA El viaje de compras

A las diez de la mañana, hora cuando se abren la mayoría de las tiendas del centro, ya están llenas las calles. No es sólo el ruido ensordecedor de los carros—las bocinas y los golpes a las puertas que dan los motoristas molestos de esperar en el tráfico—sino el gran número de peatones que serpentean por los coches parados y no cruzan las calles en las esquinas, lo que le da al centro un aspecto de hormiguero o de colmena.

ensordecedor deafening
bocina horn
peatón persona que va a pie
hormiguero ant-hill, swarm
colmena beehive

Dentro del gran almacén que está en una de las calles más transitadas del centro, los dependientes ya se han colocado en sus respectivos departamentos para recibir la avalancha de compradores que, cuando dan las diez, irrumpen en la tienda, haciéndola tan confusa y ruidosa como la ciudad misma. Desde arriba se puede ver todo el movimiento, vaivén y trajín de la planta baja, piso que, como es natural, recibe el exceso de clientes.

dar (+ hora) to strike
irrumpir en to barge in
vaivén going and coming
trajín bustle

Al entrar por la puerta principal, se ve a mano derecha la sección de ropa para damas y caballeros. Se extiende desde el frente hasta el fondo del almacén. En la primera vitrina están las bolsas para mujeres; unas de cuero y otras de gamuza, de piel de caimán, y las de tela para el uso diario. Como es de esperar, las más caras están guardadas detrás del mostrador, aunque a la vista, para protegerlas contra la ratería.

caimán alligator
como es de esperar como se puede esperar
ratería robos en las tiendas

A unos pasos más está la sección de ropa para mujeres; primero la ropa deportiva seguida de la más elegante. Los que se encargan de la exhibición de las últimas modas han colocado maniquíes en lugares estratégicos para llamar la atención—hasta la de las compradoras más exigentes. Las prendas de vestir son de todos los paños imaginables: de algodón, de lana y también de raso y seda. Por supuesto están puestas para hacer juego una con otra. La venta al menudeo exige un gran surtido de artículos para todos los gustos, todas las ocasiones y casi todos los climas; por eso hay ropa ligera para la playa y también ropa gruesa para hacer un viaje a la sierra, por ejemplo.

Siguiendo más adelante se llega al departamento de ropa para niños y por fin al de ropa para hombres. En la sección de ropa para niños hay una gran liquidación; han rebajado los precios de blusas, faldas, camisas sport y pantalones. Realmente hay verdaderas gangas para los padres que quieren ahorrar un poco.

ganga bargain
ahorrar to save

El departamento de ropa para caballeros se asemeja en su distribución al de ropa de mujer; primero los artículos de uso personal y común—corbatas, billeteras y cinturones; luego los abrigos, los sacos y los trajes. Como es un almacén de buen gusto,

distribución layout
billetera wallet
cinturón belt

hay una sección donde los hombres pueden comprar trajes hechos a la medida, escogiendo entre telas y dibujos de géneros diferentes, unos importados y otros del país. También hay trajes ya hechos; el almacén tiene algo para cada bolsillo.

géneros goods, cloth(s)

La política del almacén es vender a precio fijo; el regateo es algo desconocido en este comercio. En muchas ocasiones, los clientes, que pagan en las cajas, pueden optar por pagar al contado o a crédito, y en este caso pagan un anticipo y después se arregla la cuenta a plazos.

política policy

La actividad del almacén representa un mundo en sí; ésta no cesa hasta las siete cuando a la caída de la tarde se cierran las puertas giratorias.

puerta giratoria revolving door

Preguntas

1 ¿Por qué hay tanto ruido en las calles?
2 ¿Por qué no son muy prudentes los peatones?
3 ¿Qué ocurre en el almacén a las diez en punto?
4 ¿Cuáles son los límites del departamento de ropa para damas y caballeros?
5 ¿Dónde tienen las bolsas más caras? ¿Por qué las tienen ahí?
6 ¿Cómo atraen los empleados la atención de los compradores a las nuevas modas?
7 ¿Por qué se recomienda que el almacén mantenga un gran surtido en existencia?
8 ¿Por qué es lógico poner los pequeños artículos de uso personal en la parte delantera de los departamentos?
9 ¿Cuáles son las varias maneras en que se puede pagar?
10 ¿Qué especie de puertas tienen muchos almacenes?

Expansión de vocabulario

I De la lista B, escoja el mejor complemento a la primera parte de la oración en la lista A.

	A		B
1	Las bocinas	1	son más caras que las de tela.
2	La gente	2	los precios fueron rebajados casi veinte por ciento.
3	Las bolsas de gamuza	3	molestan a los pacientes en el hospital.
4	Los maniquíes	4	debe cruzar las calles en los cruceros de peatones.
5	Para la liquidación	5	exhiben las últimas modas.

II Explique la diferencia entre cada una de las siguientes palabras.

1. el regateo y el precio fijo
2. el escaparate y el mostrador
3. la ratería y pagar al contado
4. el anticipo y el recibo
5. una puerta giratoria y una puerta corrediza

III Exprese el significado de las siguientes palabras e invente una oración que indique su uso.

1. sentarle bien
2. ganga
3. pagar a plazos
4. agotarse
5. hacer juego con

Discusión de la fotografía

1. ¿Cómo se sabe que esta fotografía muestra un moderno centro comercial?
2. ¿Qué se vende en las tiendas que se ven en la foto?
3. ¿Qué no se debe hacer a las plantas?

Posibilidades

1 Imagine una conversación entre las chicas del grupo que está a la izquierda sobre la visita al centro comercial y sus impresiones sobre una de las tiendas y una liquidación especial.
2 Asumiendo el papel del hombre cuya cabeza aparece encima del letrero o el de una de las mujeres que están a la derecha de la fotografía, sostenga una conversación con el dependiente de un almacén del centro comercial a donde Ud. entra para comprar algo.

Para la discusión oral

1 ¿Prefiere Ud. comprar en un almacén grande o en una tienda de especialidades más pequeña? ¿Por qué?
2 ¿Prefiere Ud. ir de compras en el centro de su ciudad o pueblo o en los centros de compra de las afueras? ¿Por qué?
3 ¿Cuáles son las ventajas y desventajas de pagar al contado y cuáles son las de pagar a plazos?

Temas de composición

1 ¿Ha trabajado Ud. como dependiente temporal o permanente en una tienda? ¿En qué departamento trabajaba? ¿En qué consistían sus responsabilidades?
2 Cuente sus experiencias durante un día de compras en la ciudad.
3 Escriba una carta a un amigo o a una amiga en el extranjero en la que Ud. describe el tipo de ropa que se usa en su ciudad en las distintas estaciones del año.

CAPÍTULO 5
EN LA BARBERÍA

VOCABULARIO ÚTIL

la peluquería barbería
afeitar(se), rasurar(se) cortar la barba
la brocha lo que se usa para afeitarse
mojar humedecer con líquido
el paño trapo para mojar o limpiar
el bigote, los bigotes pelo sobre el labio superior
calvo que no tiene pelo
la peluca pelo artificial
el tupé pelo artificial
peinarse arreglarse el pelo
el peine lo que se usa para peinarse

cortar el pelo, el cabello to get a haircut
el corte de pelo haircut
recortar to trim

enjabonar to soap
el jabón soap
cepillar to brush
el cepillo brush
cortar el pelo al rape to cut close
  por detrás in back
  por delante in front
  por los lados on the sides
dejar el pelo largo to leave the hair long
la maquinilla eléctrica electric razor
la hoja blade
la navaja razor
tener filo to be sharp
la máquina eléctrica clippers
la barba beard, chin
el mentón point of the chin
el cuello neck
la garganta throat
la raya part
hacer(se) la raya to part
el pelo liso straight hair
el pelo ondeado (ondulado) wavy hair
el pelo rizo (crespo) (naturally) curly hair
el masaje massage
la caspa dandruff
las patillas sideburns

Ejercicios de vocabulario

I Complete cada oración con la forma apropiada de una palabra de la lista.

hacer(se) la raya	recortar
navaja	cortar el pelo
cepillo	enjabonarse
afeitarse	bigote
calvo	peine

1 Voy a entrar en esa barbería para que me ______________. Lo tengo muy largo.
2 Si la ______________ ya no tiene filo, es hora de cambiarla.
3 Mire . . . a mi ______________ se le han caído tantos dientes que apenas sirve.
4 Antes ______________ al lado izquierdo y ahora me cuesta trabajo cambiarla al derecho.
5 Antes de afeitarse es necesario mojarse y ______________ la cara.
6 Mira la barba que tienes. ¿Por qué no ______________?
7 No, no quiero que me lo corte todo. Por favor, sólo ______________ un poco.
8 Hay ______________ de muchas clases: de pelo, de dientes, de ropa y de zapatos.
9 El hombre es ______________. Por eso usa un tupé.
10 Paco tiene un ______________ tan largo que siempre se le moja con el café.

DIÁLOGO En la barbería

El Sr. Suárez entra en una barbería en la avenida principal para un corte de pelo.

Sr. Suárez Buenos días. ¿Me pueden atender ahora? No tengo cita.
Barbero Cómo no, señor. Siéntese en este sillón y le pongo el paño. ¿Quiere Ud. que le lustremos los zapatos y que le hagamos la manicura a las uñas también?
Sr. Suárez No, gracias. Ando un poco apresurado. Sólo quiero que me corte un poco las patillas y aquí por las orejas *(mostrándole).*
Barbero Con todo gusto, como Ud. quiera. *(Después, al final)*
Barbero Ahí está, señor. Por favor, véase en el espejo a ver si le gusta. ¿Le mojo el pelo un poquito o se lo dejo seco?
Sr. Suárez Mójemelo un poco, por favor, y también póngame unas gotas de brillantina porque si no me despeino en el viento.
Barbero Seguro, señor, para servirlo.

brillantina hair cream

Preguntas

1 ¿Por qué piensa el Sr. Suárez que tal vez no lo puedan atender en la barbería?
2 Aparte del corte de pelo, ¿qué más le ofrece el barbero a su cliente?
3 ¿A qué ha ido el Sr. Suárez a la barbería?
4 ¿Qué le pregunta el barbero al final?
5 ¿Qué quiere el Sr. Suárez que se le haga al pelo y por qué?

LECTURA Espuma y nada más

Hernando Téllez, (1908-), escritor colombiano, es célebre entre otras cosas por sus cuentos. A continuación, en un trozo de «Espuma y nada más» se narran los pensamientos de un barbero que rasura la barba de un contrario político. El estilo entrecortado y la acumulación de detalles revelan la nerviosidad del barbero, quien se pregunta si debe quitarle la vida a su enemigo por el bien de su propio partido político.

Tomé la navaja, levanté en ángulo oblicuo las dos cachas,[1] dejé libre la hoja y empecé la tarea, de una de las patillas hacia abajo. La hoja respondía a la perfección. El pelo se presentaba indócil y duro, no muy crecido, pero compacto. La piel iba apareciendo poco a poco. Sonaba la hoja con su ruido característico, y sobre ella crecían los grumos[2] de jabón mezclados con trocitos de pelo. Hice una pausa para limpiarla, tomé la bandana[3] de nuevo y me puse a asentar el acero,[4] porque yo soy un barbero que hace bien sus cosas. El hombre que había mantenido los ojos cerrados los abrió, sacó una de las manos por encima de la sábana,[5] se palpó la zona del rostro que empezaba a quedar libre de jabón, y me dijo:—Venga Usted a las seis, esta tarde, a la Escuela.— —¿Lo mismo del otro día?— le pregunté horrorizado. —Puede que resulte mejor,— respondió. —¿Qué piensa usted hacer?— —No sé todavía. Pero nos divertiremos.— Otra vez se echó hacia atrás y cerró los ojos. Yo me acerqué con la navaja en alto. —¿Piensa castigarlos a todos?— aventuré tímidamente. —A todos.— El jabón se secaba sobre la cara. Debía apresurarme. Por el espejo, miré hacia la calle. Lo mismo de siempre: la tienda de víveres y en ella dos o tres compradores. Luego miré el reloj: las dos y veinte de la tarde. La navaja seguía descendiendo. Ahora de la otra patilla hacia abajo. Una barba azul, cerrada. Debía dejársela crecer como algunos poetas o como algunos sacerdotes. Le quedaría bien. Muchos no lo reconocerían. Y mejor para él, pensé, mientras trataba de pulir suavemente todo el sector del cuello. Porque allí sí que debía manejar con habilidad la hoja, pues el pelo, aunque en agraz,[6] se enredaba[7] en pequeños remolinos.[8] Una barba crespa. . . .

[1] **cacha** razor handle [2] **grumo** clot, blob [3] **bandana** old type strap for sharpening a razor [4] **acero** steel [5] **sábana** sheet [6] **en agraz** short [7] **enredarse** to entangle [8] **remolino** tuft of hair

Preguntas

1. ¿Cómo era el pelo del cliente?
2. ¿Prestaba gran atención el cliente a lo que el barbero hacía?
3. ¿Qué pregunta indica la curiosidad del barbero?
4. Según el barbero, ¿cómo podría el cliente mejorar su apariencia?
5. ¿Por qué tiene que proceder con más cuidado el barbero cuando llega a la región del cuello?

Expansión de vocabulario

I Estudie detenidamente la lista siguiente. Las palabras que aparecen en letra negra están indicadas en la lectura anterior.

	Adjetivo	*Sustantivo*	*Verbo*	*Adverbio*
1	**libre**	libertad	librar	libremente
2	**duro**	dureza	endurecer	duramente
3	**crecido**	crecimiento	crecer	
4	**mezclado**	mezcla	mezclar	
5	pausado	**pausa**	pausar	pausadamente
6	limpio	limpieza	**limpiar**	
7	**cerrado**	cierre[1]	cerrar	
8	abierto	abertura[2]	**abrir**	abiertamente
9	divertido	diversión	**divertir(se)**	
10	castigado	castigo	**castigar**	
11	seco	sequía	**secar**	secamente
12	enredado	enredo	**enredar**	

[1]**cierre** closing; **cerradura** lock [2]**abertura** aperture, opening, gap; **apertura** opening (of a meeting)

II Complete cada oración con la forma apropiada de la palabra en letra negra.

1 **libre** La ____________ de los prisioneros de guerra es garantizada por el armisticio firmado ayer.

2 **duro** La natación ____________ los músculos.

3 **crecido** Diez días de sol constante produjeron un gran ____________ de las plantas.

4 **mezclado** La ____________ de aceite con agua no da un líquido uniforme.

5 **pausa** Es un hombre muy ____________ en todo lo que hace.

6 **limpiar** La nueva criada insistía en la ____________ diaria de todos los cuartos.

7 **cerrado** El ____________ de las embajadas produjo gran pavor.

8 **abrir** La inundación del bote fue causada por la ____________ en el fondo.

9 **divertir(se)** Estoy seguro que va a ser una fiesta ____________. ¿Por qué no te animas?

10 **castigar** El ____________ impuesto por el juez correspondió a la gravedad del crimen.

11 **secar** Todos los agricultores están preocupados por la prolongada ____________.

12 **enredar** No me imaginaba que las cosas podían ser tan complicadas. ¡Qué ____________!

III Reemplace las palabras en letra negra con la forma apropiada de un sinónimo o una expresión parecida de la lista.

empezar	quedar
trocito	apresurarse
palpar	descender
rostro	sacerdote

1. **El cura** viene a decir misa cada semana.
2. **La cara** del niño tenía una expresión melancólica.
3. El médico **tocó** mi rodilla para ver si me dolía.
4. La función **comienza** a las ocho en punto. ¡Que no la perdamos!
5. ¿Dónde **estaba** su casa en relación con el parque central?
6. Nadie puede **bajar** por esta escalera; está cerrada.
7. Cortó el pan en **pedacitos** y los repartió entre todos.
8. Tengo que **darme prisa** si quiero llegar antes que salgan ellos.

Discusión de la fotografía

1. ¿Qué hace el barbero? ¿Qué tiene en la mano derecha?
2. ¿Cómo se sabe que el cliente está preparado para que el barbero le afeite?
3. ¿Qué hace el joven?
4. ¿Cómo se sabe que ésta no es una peluquería moderna?

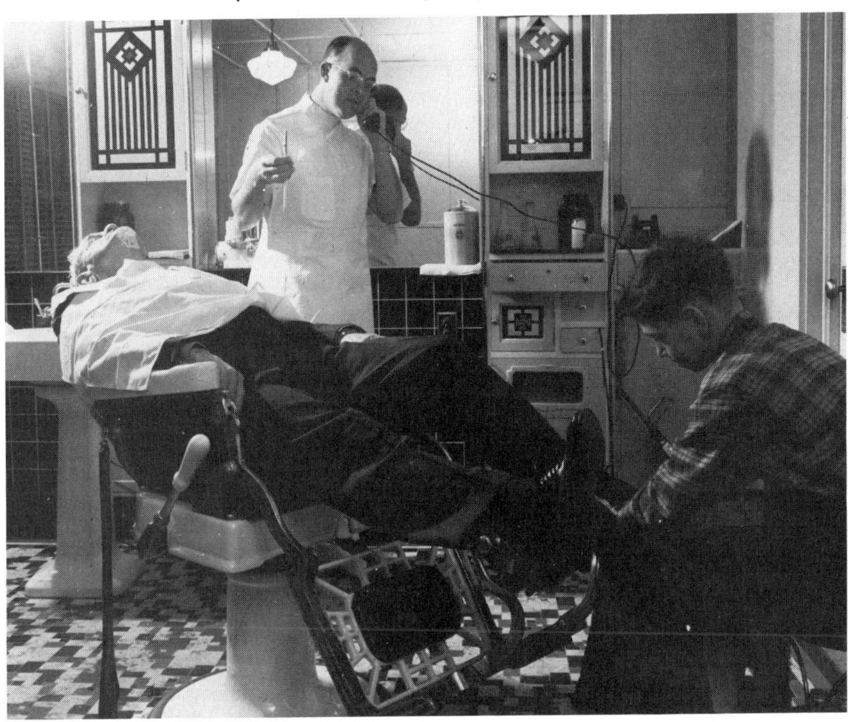

Posibilidades

1 Hace algunos momentos, el cliente entró en la barbería y le dio al barbero las instrucciones para su corte de pelo. Tomando el papel del cliente o el del barbero, invente la conversación que tomó lugar.
2 Imagine la conversación telefónica entre el barbero y la otra persona, tal vez un cliente, amigo o pariente.
3 Invente una conversación entre el cliente, el barbero y el joven en el momento en que el peluquero cuelgue el teléfono.

Para la discusión oral

1 Muchas de las barberías en los Estados Unidos han cambiado bastante en los últimos años; antes eran, en la mayoría, pequeños comercios de un barbero o dos que servían a sus clientes en un ambiente simple y familiar. Ahora muchas han perdido su intimidad y se han vuelto lujosos salones que ofrecen cortes de pelo estilizados y novedosos. ¿Cuál es su opinión sobre este cambio? ¿Necesita el hombre tanta atención en el cuidado y aseo del cabello, o es un ejemplo de un negocio que crea una falsa necesidad?

Temas de composición

1 En ciertos períodos la protesta individual o el derecho personal de expresión, a ser diferente, se ha expresado dejando crecer el cabello o no peinándose. ¿Considera Ud. el largo del pelo una expresión para tal actitud o cree Ud. que la disposición de un individuo es sólo un estado interior de pensamientos y creencias que no tiene nada que ver con apariencias exteriores?

CAPÍTULO 6
EN EL SALÓN DE BELLEZA

VOCABULARIO ÚTIL

el peinado arreglo del pelo
el maquillaje todos los cosméticos en conjunto
embellecer(se) hacer o poner bella (a una persona o cosa)
el rollete objeto circular que se usa para rizar el pelo
secar contrario de **mojar**
las uñas parte superior del extremo de los dedos
la lima para las uñas objeto que se usa para arreglarse las uñas
el esmalte cosmético para dar color a las uñas
el lápiz de labios cosmético para dar color a los labios
el colorete cosmético para dar color a las mejillas
las cejas pelo encima del ojo
el párpado membrana movible que cubre el ojo
las pestañas pelo en el borde de los párpados

el gabinete booth
el ondulado permanente permanent wave
el pelo aceitoso (seco) oily (dry) hair
rizar to curl
los rizos curls
las trenzas braids
la coleta ponytail
el bucle lock of hair
el ganchito, la horquilla bobby pin
el aceite oil
los polvos facial powder
el cutis aceitoso (seco) oily (dry) skin
el pelo moreno brown hair

el pelo rubio blond hair
el (la) pelirrojo(a) redhead
el champú shampoo
la manicura manicure

Ejercicios de vocabulario

I Complete cada oración con la forma apropiada de una palabra de la lista.

champú
lápiz de labios
pelo . . . seco
secador
uña
aceite
rizo
peinado
cutis aceitoso
maquillaje

1 Tengo el ______________ tan ______________; el agua salada y el sol le quitan el brillo.
2 Me voy a lavar la cabeza con este nuevo______________. He visto mucha propaganda sobre él.
3 Aplica un poco de alcohol a la cara. Ayuda para secar el ______________.
4 El ______________ puede servir para aliviar las quemaduras del sol.
5 La señora quiso cambiar su ______________ para la fiesta formal.
6 El ______________ de los actores de esta película fue magnífico. La estrella parecía una vieja de cien años aunque tenía sólo veintidós.
7 La modelo estaba ofreciendo un nuevo ______________ de un color rojo muy fuerte.
8 El agua le deshizo todos los______________; debía haber usado una gorra de baño.
9 Voy a comprarme un ______________ portátil para las vacaciones.
10 Se me rompió la ______________cuando traté de sacar el clavo.

DIÁLOGO En el salón de belleza

por casualidad inesperadamente

La Sra. Teresa Álvarez y la Sra. Carmen Pardo se encuentran por casualidad en el salón de belleza. Hace tiempo que no se ven.

Sra. Álvarez Vaya, pues, Carmen . . . ¡qué sorpresa más agradable! Hace una eternidad que no la veo.
Sra. Pardo Verdad; oiga, Teresa . . . dígame . . . ¿qué ha sido de su vida? ¿Cómo le ha ido? La familia . . . ¿todos bien?
Sra. Álvarez De lo más bien, gracias. Y la suya . . . ¿bien?

Sra. Pardo Bien, felizmente. Pero Tere . . . si somos antiguas amigas . . . ¿ya no nos tuteamos?

tutearse hablarse de **tú**

Sra. Álvarez Claro, pues . . . oye, se te ve más joven que la última vez que te vi. Dime qué haces.

echar flores to flatter

arruga wrinkle

Sra. Pardo Ay, las flores que me echas. Pues, no sé . . . nada especial. Echo un poco de crema de noche para quitarme las arrugas y cambio el peinado de vez en cuando.

a eso por eso

aparentar fingir

cada vez más siempre más y más

Sra. Álvarez A eso vengo yo hoy. Mañana es la boda de mi sobrina y quiero un ondulado permanente; también necesito que me tiñan el pelo un poquito. No es que quiera aparentar ser su hermana, pero tampoco que me crean la abuela. Las canas me van apareciendo cada vez más.

Sra. Pardo Tonta—no te creo. Pero lo hacen bien aquí. Oye, felicitaciones por el matrimonio de tu sobrina. ¿Con quién se casa?

cuesta ski slope

así no más just like that

buen mozo good-looking

partirle a uno el corazón to break one's heart

Sra. Álvarez Con un argentino que conoció en Bariloche. Dice que lo conoció en las cuestas mientras estaba de vacaciones esquiando y se enamoraron así no más. Es un hombre muy bueno y muy buen mozo. Lo malo es que se van a mudar a Buenos Aires; a mi hermana le parte el corazón verla irse.

Sra. Pardo Pero si no está tan lejos . . . en fin, es un buen motivo para ir de visita. Oye . . . creo que te llaman.

Sra. Álvarez Nos vemos Carmen. Ven a vernos . . . yo te llamo.

(Pasando al gabinete y hablando con el peluquero)

la tez skin, complexion

Sra. Álvarez Buenas tardes, Francisco. Quiero que me cambie el peinado un poco y que me tiña un poquito el pelo por las sienes. También que me recomiende otro lápiz de labios y un colorete que no me irrite la tez.

Peluquero Con mucho gusto, Señora Álvarez. Siéntese. Comenzamos con el champú y luego pasaremos al tinte y al maquillaje . . . y ya verá Ud. cómo la convierto en una estrella de cine.

Sra. Álvarez Bromista, pero le adoro. La naturaleza dicta, pero yo tengo derecho a resistir un poco. Adelante . . .

Preguntas

1. ¿Por qué están tan contentas de verse las dos señoras?
2. ¿Cómo reanudan las señoras su antigua amistad?
3. ¿Qué dice Teresa para echar flores a Carmen?
4. ¿Cuál es el secreto de Carmen para conservar su buena apariencia?
5. ¿Qué le va a suceder a Teresa mañana?
6. ¿Quién va a ser el marido de la sobrina? ¿Cómo se conocieron?
7. ¿Por qué se entristece la futura suegra?
8. ¿Qué instrucciones le da Teresa al peluquero?
9. ¿Cómo bromea el peluquero?
10. Explique la «filosofía» de Teresa sobre el avance del tiempo.

Expansión de vocabulario

I Complete cada oración con la forma apropiada de una palabra de la lista.

a eso	aparentar
partir el corazón	buen mozo
bromista	cada vez más
tinte	tutearse

1. Se lo digo en broma. No lo tome tan serio; Ud. sabe que soy ________.
2. Aunque estoy tomando medicina, parece que la tos se está empeorando ________.
3. No le digas que es ________. Los elogios se le suben a la cabeza.
4. Ella es una amiga de confianza. Nosotros siempre ________ .
5. El joven trató de ________ ser mayor de edad para entrar en el cine.
6. Creo que este ________ va a restaurar el color a su blusa.
7. —¿A qué ha venido Ud. a verme?
   —Precisamente ________; para preguntar si no han recibido el cheque que mandé.
8. Las noticias tristes que me dices me han entristecido. Desde luego a tu papá le ________ .

Discusión de la fotografía

1. ¿Cuáles son algunos de los instrumentos que los peluqueros están usando?
2. ¿Es un salón sólo para mujeres?
3. ¿Cómo se protegen las clientes para que no se mojen?
4. ¿Qué le da al salón un aspecto espacioso?

Posibilidades

1 Como si Ud. fuera el cliente o una de las clientes, invente una conversación entre Ud. y el peluquero que lo atiende.
2 Imagine una charla entre dos de las clientes mientras que se les arregla el cabello.
3 Tomando el papel de uno de los peluqueros, cuente algunas de sus experiencias más interesantes y poco comunes con sus clientes en este salón de belleza.

Para la discusión oral

1 Describa las diferencias entre los estilos de peinado de años anteriores y los de hoy en día.
2 ¿Está Ud. de acuerdo con el refrán que dice que la primera impresión es la que vale? ¿Por qué? Explique el significado del refrán.

Temas de composición

1. En muchas partes del mundo suele decirse que el pueblo da demasiada importancia a la apariencia exterior de la persona; que el culto de la belleza sostiene una industria de productos de aseo personal que vale billones de dólares. ¿Está Ud. de acuerdo con que la gente es víctima de la manía de la belleza? Explique su opinión. ¿En qué sentido opera la propaganda de la televisión, las revistas y los periódicos para reforzar dicho culto?

CAPÍTULO 7
EN EL CORREO Y EN EL BANCO

VOCABULARIO ÚTIL

el cartero repartidor de las cartas del correo
el reparto distribución
la recogida recolección
certificar registrar, obtener un recibo que acredite el envío
el (la) remitente persona que manda un envío
el (la) destinatario(a) persona a quien va dirigido un envío
el buzón caja o abertura por donde se echan las cartas para el correo
el correo correspondencia
correo aéreo mandar una carta por avión
el franqueo costo de mandar un envío
el sobre objeto de papel en que se mete una carta antes de mandarla
el timbre, la estampilla, el sello lo que se pone en el sobre antes de mandar la carta
al dorso al lado opuesto
la sucursal oficina que no sea la principal
ahorrar depositar el dinero en el banco para no gastarlo
la cuenta corriente cuenta del banco en que se pone dinero para poder escribir cheques
la cuenta de ahorros cuenta del banco en que se deposita dinero que uno quiere ahorrar

la libreta libro que indica la cantidad de dinero (el saldo) en una cuenta de ahorros
el talonario libro de cheques
retirar (dinero) quitar dinero de una cuenta del banco

el giro postal money order
el apartado, la casilla box (number)
pesar to weigh
el peso weight
remitir to remit, to forward
entrega inmediata special delivery
cobrar, cambiar el cheque to cash
la bolsa stock market
rebotar to bounce
el préstamo loan
el cambio change; exchange
el billete bill (folding money)
la moneda coin, currency
la baja slide
la subida climb
los altibajos ups and downs
el giro draft
acuñar to coin, to mint
endosar to endorse
el telegrama telegram
la carta nocturna night letter

Ejercicios de vocabulario

I De la lista B, escoja el mejor complemento a la primera parte de la oración en la lista A.

	A		B
1	La carta se extravió	1	está muy baja. No me quedan muchos fondos.
2	El nombre del remitente	2	conmemoran el bicentenario de la independencia.
3	La cuenta bancaria	3	hay que hablar con el telefonista. No se puede marcar el número directamente.
4	Una carta nocturna	4	porque no se podía leer la dirección del destinatario.
5	Comprar un giro postal	5	sino en otra institución donde pagan mayor interés.
6	Para endosar el cheque	6	es muy fácil de comprender. Veinte pesos equivalen a un dólar.
7	Para hacer una llamada por cobrar	7	fírmelo con el mismo nombre que está en el inverso.
8	No tengo mis ahorros en el banco	8	está al dorso del sobre.

9	El sistema monetario de este país	9	es más seguro que mandar un billete en el correo.
10	Las nuevas estampillas	10	cuesta menos que un telegrama y llega al destinatario la próxima mañana.

II Complete cada oración con la forma apropiada de una palabra de la lista.

franqueo	sucursal
altibajos	talonario de cheques
apartado	certificar

1 —¿Sabes tú la dirección de ellos?
—Creo que es ______________ 7071, pero no estoy seguro.

2 Debo quedarme con este recibo para hacer la entrada del gasto en mi ______________.

3 Aunque cuesta un poco más, al ______________ la carta yo puedo estar seguro de que va a llegar.

4 Hay que saber resistir los ______________ no sólo de la bolsa sino de la suerte en general.

5 Perdón, señor, ¿cuál es el ______________ por una carta aérea a los Estados Unidos?

6 La oficina central del banco está en el centro, pero tienen una ______________ en otro sector de la ciudad.

NARRATIVA En el correo y en el banco

faena trabajo

Al mismo tiempo que comienza el movimiento comercial de la ciudad, los negocios inician su diaria rutina de los días entre semana. La oficina de correos y telégrafos se encuentra en el edificio gris que está al lado de la plaza principal, y cuando dan las ocho de la mañana, muchos de sus empleados ya han llegado para comenzar la faena. Los carteros, por ejemplo, ya casi han terminado de separar el correo para la distribución matinal y otros han estado trabajando toda la noche clasificando las cartas recibidas la tarde anterior procedentes del sinnúmero de buzones que hay en la ciudad.

A las ocho se abren las puertas al público, pero sin duda el período de máxima actividad no viene sino mucho más tarde, después de las tres. Todo el lado izquierdo del primer piso del correo está dedicado a las comunicaciones; hay ahí centros donde la gente puede poner un telegrama al extranjero o también hacer llamadas telefónicas en las cabinas particulares. En el lado derecho del edificio están los servicios postales públicos. Es muy común usar casillas para recibir la correspondencia—se usa el número de apartado en vez de la dirección. Por eso se ve fila tras fila de casillas a lo largo del corredor.

cabina booth

fila row

El salón principal, que recibe luz a través de una bóveda de cristal, está dividido en secciones. Hay unas ventanillas para la venta de estampillas, otras donde la persona puede hacer pesar la carta para determinar el franqueo, una para los giros postales y dos para enviar los bultos y paquetes postales.

bóveda dome

A una cuadra calle arriba se encuentra otro edificio impresionante que es la sede del Banco Nacional con sus columnas desde la parte superior de la escalinata hasta el techo. Lo que el cliente ve al entrar es una mínima parte de la actividad bancaria, pero es la más conocida. En las múltiples ventanillas se puede depositar o retirar dinero, cambiar cheques personales o asignar ciertas cantidades a la cuenta corriente o a la de ahorros. Generalmente los cajeros no entregan el dinero directamente a la persona; le entregan al cliente un recibo por la cantidad deseada o tal vez un número para que se presente en la ventanilla de pagos cuando le toque su turno. Como es un banco que atiende a turistas internacionales, en una pared hay un inmenso tablero que indica los últimos cambios en la moneda extranjera. Algunas veces, con las sorprendentes fluctuaciones que caracterizan el comercio internacional, tienen que cambiar la equivalencia de ciertas monedas varias veces en un solo día. Entonces viene un empleado con una escalera muy alta para subir a efectuar los cambios, y en esos momentos el banco parece ser la bolsa de valores.

sede headquarters

escalinata escalera ancha

la bolsa de valores stock market

Tanto el correo como el banco son instituciones esenciales e indispensables en la vida privada y comercial de casi todo el mundo.

Preguntas

1 ¿Dónde se encuentra la oficina de correos y telégrafos?
2 ¿En qué consiste el trabajo en el correo durante la madrugada y las tempranas horas de la mañana?
3 Al entrar en el edificio y al dirigirse hacia la izquierda, ¿en qué sección se encuentra uno? ¿Qué se puede hacer allí?
4 ¿Por qué se ve fila tras fila de casillas en el correo?
5 ¿Cuál es el sistema de iluminación en el salón principal, por lo menos de día?
6 Explique los servicios de las ventanillas individuales.
7 ¿Dónde queda el Banco Nacional en relación con la oficina de correos?
8 ¿Qué se nota en particular al entrar en el banco?
9 Explique el proceso de recibir dinero en efectivo en el banco.
10 ¿Para qué sirve el tablero en la pared? ¿Cómo se hacen los cambios?

Expansión de vocabulario

I Identifique.

1 La caja para depositar las cartas
2 De lunes a viernes
3 Otros países
4 El lugar donde uno cobra el dinero en el banco
5 El sitio donde se efectúan la compra y venta de acciones

II Exprese el significado de las siguientes palabras e invente una oración que indique su uso.

1 la escalera
2 un sinnúmero de
3 pesar
4 la moneda extranjera
5 depositar (o retirar) dinero

Discusión de la fotografía

1. ¿Por qué están haciendo cola las personas que están a la izquierda?
2. ¿Qué hacen los jóvenes que están a la ventanilla derecha?
3. ¿Qué hace la señora que está a la derecha de la fotografía?

Posibilidades

1. Tomando el papel del hombre o el de una de las mujeres que están en frente de la ventanilla, invente un diálogo entre Ud. y la persona que trabaja en el correo.
2. Imagine una conversación entre los dos jóvenes que llevan el paquete y el dependiente de correos que trabaja en esa ventanilla.
3. Invente una charla entre dos de las personas que están haciendo cola, tal vez sobre el servicio del correo en general.

Discusión de la fotografía

1 ¿Para qué sirve la máquina eléctrica que está usando la empleada?
2 ¿Qué tiene en la mano la cliente? ¿Qué está haciendo?
3 ¿Qué indica el aviso que está colocado sobre el mostrador?
4 ¿Qué hace el señor que se ve de espaldas en el fondo?

Posibilidades

1 Como si Ud. fuera la cliente o la empleada, invente un diálogo entre Uds. dos sobre el cobro de un cheque, la cuenta corriente, la cuenta de ahorros y otras cosas.
2 Imagine que Ud. es la mujer que se acerca a la ventanilla, o bien el hombre del fondo, y que tiene algún problema relacionado con el banco. Al llegar a la ventanilla, piense en una conversación con la empleada sobre el problema y su solución.
3 Tomando el punto de vista de la empleada, cuente algunas de las experiencias más interesantes que haya tenido sirviendo al público en este banco.

Para la discusión oral

1 ¿Cuál es su opinión acerca del servicio de correos en el pueblo o ciudad donde Ud. vive?
2 Explique cómo se notifica al correo de una mudanza o cambio de dirección.
3 Explique el proceso de obtener un préstamo en el banco.
4 ¿Cuál es la mejor manera de ahorrar dinero?
5 ¿Cuáles son los factores que le hacen a Ud. decidir en favor de un banco u otro?

Temas de composición

1 Escriba un ensayo sobre uno de los siguientes temas:
   a el lugar del banco en el mundo comercial
   b cómo vivir cuando la cuenta está baja
   c la bolsa y su efecto en la vida de los Estados Unidos
2 Como si Ud. fuera el gerente de un banco, escriba una carta a un cliente informándole que su crédito ha sido aceptado.
3 ¿Cuáles son las ventajas y los peligros en el uso de las tarjetas de crédito?
4 Compare la operación del banco y la del correo. ¿En qué estriba la diferencia?

CAPÍTULO 8
PROBLEMAS DEL CARRO

VOCABULARIO ÚTIL

el parabrisas vidrio delantero del carro
el (los) limpiaparabrisas aparato mecánico para mantener limpio el parabrisas
el taller de reparaciones lugar donde se arreglan los carros
arrancar poner en marcha
el arranque acto de poner en marcha
marchar (para) atrás mover atrás
transitable que se puede pasar
descompuesto que no funciona

la gasolinera gasoline station
la marca «make», brand
la capota convertible top
el bonete, la capota hood
el guardafango fender
el parachoques bumper
la rueda wheel
la llanta, el neumático tire
la llanta de repuesto spare tire
el baúl, la cajuela trunk
el asiento delantero front seat
el asiento de atrás back seat
la caja de cambios gearshift mechanism
los cambios gears
los frenos brakes
frenar to brake
el embrague clutch
el volante steering wheel
la bocina, el claxón horn
la guantera glove compartment
las matrículas, las placas, las chapas license plates
la presión pressure

la avería breakdown
empujar to push
remolcar to tow
la desviación detour
la velocidad máxima speed limit
exceder la velocidad máxima to speed

la gasolina
la estación de servicio, de gasolina
el tanque
el radiador
el garaje
inflar
el mecánico

Ejercicios de vocabulario

I Complete las siguientes oraciones con la forma apropiada de una palabra de la lista.

desinflado
arrancar
limpiaparabrisas
gasolinera
tocar la bocina
placas
asiento de atrás
taller de reparaciones

1 Ud. puede continuar usando las ______________ del año anterior. Lo único que tiene que hacer es pegarles el sello de este año.
2 Ya te dije que debíamos llenar el tanque allí atrás. No he visto __________ en todo el camino y por poco se nos agota.
3 El niño se durmió en el ______________ durante el viaje largo.
4 Una de las llantas de atrás está un poco ______________. La bomba de aire está ahí.
5 Está prohibido ______________ en esta zona; hay un hospital cerca.
6 Los ______________ apenas funcionan en este tiempo cuando la lluvia se mezcla con el hielo y el granizo.
7 Esta mañana no pude ______________ mi coche. Siempre pasa eso cuando el motor está frío.
8 Hay un ______________ muy bueno en esta calle. Componen carros de todas marcas y son muy formales.

II Escoja la expresión correcta de la siguiente lista para contestar a las siguientes preguntas con una oración completa.

intransitable
remolcador
presión
velocidad máxima
desviación

1 ¿Qué expresión se usa cuando en un camino o en una calle no se puede pasar debido a la aglomeración de gente y carros o a las pésimas condiciones del pavimento?
2 Cuando uno no puede seguir derecho por el camino o la carretera, ¿qué tiene que hacer?

3 La acción de arrastrar un carro o un buque es remolcar. Por eso, ¿cómo se llama el camión o bote que remolca?
4 Para hablar de la cantidad de aire en los neumáticos o la condición de la sangre en el cuerpo, ¿qué palabra se usa?
5 ¿Qué hay que disminuir cuando uno pasa el límite entre el campo y la ciudad?

DIÁLOGO Problemas del carro

bomba pump

El Sr. Solís guía su carro a una estación de servicio y lo coloca frente a una de las bombas. Se presenta un empleado para atenderle.

Empleado Buenas tardes, señor. ¿En qué puedo servirle?

revisar el aceite to check the oil

Sr. Solís Llene el tanque, por favor y revise el aceite. Hace tiempo que no lo he hecho.

Empleado Bien, señor. . . . Está un poco bajo. ¿Echo un litro?

fundirse quemarse
foco bulb

Sr. Solís Sí, por favor. Eche el de alta calidad. También se fundió uno de los focos de las luces direccionales—esa de la derecha atrás. ¿Puede poner uno nuevo?

Empleado Cómo no, señor.

(Después, mientras limpia el parabrisas)

Empleado Está muy sucio el cristal.

charco puddle

Sr. Solís Verdad, sí. Ayer tuve que ir al campo y a causa de la lluvia, el camino estaba lleno de charcos y el lodo me ensució los vidrios. El camino está casi intransitable a causa de las lluvias torrenciales.

Empleado Sí, lo oí en el radio. Dicen que el puente de la carretera al norte se derrumbó por la tempestad de anteanoche.

Preguntas

1 ¿Por qué va el Sr. Solís a la gasolinera?
2 ¿Hace falta añadir aceite?
3 ¿Qué ha pasado con una de las luces direccionales de atrás?
4 ¿Cómo se ensució el parabrisas?
5 ¿Cuál ha sido el efecto de las lluvias torrenciales en el área que rodea a la ciudad?

LECTURA La noche de Ramón Yendía

Lino Novás Calvo, (1905-), escritor cubano, presenta a Ramón Yendía, su personaje existencialista del cuento «La noche de Ramón Yendía», como un perseguido que trata de escaparse de sus enemigos. Al mismo tiempo, la persecución tiene un valor simbólico: representa también la vida entera del protagonista. En el trozo siguiente, Ramón intenta disfrazarse y, por la atención minuciosa que da a su coche, despistar a sus perseguidores.

De este sueño despierto[1] salió Ramón al ver que un hombre lo miraba insistentemente desde la acera de enfrente. Aquel hombre lo observaba con una mirada fría y atenta cuyo significado no podía descifrar. Pero estaba seguro de que había intención en ella. Hizo un esfuerzo por dominar la inquietud. Se apeó, y con toda calma y la soltura posible fingió examinar algo en el motor. Montó de nuevo, pisó el arranque sin abrir la gasolina como dando a entender que no funcionaba bien (como si toda su preocupación estuviera en esto) y luego arrancó,[2] dando tirones. El hombre sacó un papel del bolsillo y apuntó el número de la chapa. Quizás no estuviese seguro. Ramón podía ser para él una de esas imágenes que no nos gustan, pero que no recordamos, de momento, exactamente dónde nos hemos encontrado con ellas. De lo contrario, hubiera procedido allí mismo. Ramón estaba seguro. Contaba de antemano con que en alguna parte, y por personas que desconocía,[3] se había decidido, al menos mentalmente, su suerte. Escapar fuera de este remolino[4] le parecía totalmente imposible; ni siquiera se atrevía ya a intentarlo, pues ello daría lugar a sospechas. Si alguna salvación había, estaba en el centro mismo de la vorágine.[5]

Las calles estaban por aquí intransitables. La ciudad entera se había volcado a ellas.[6] Ramón dobló por una calle transversal y, al llegar a la esquina de Prado, se detuvo. Le pareció que éste era un buen sitio para no parecer sospechoso. Para que no le alquilaran desinfló una goma y montó aquella rueda sobre un gato.[7] Además, abrió la caja de las herramientas y comenzó a hurgar[8] en el motor. Le sacó la tapa, desmontó el carburador, desmontó una válvula. Luego desmontó las otras válvulas y comenzó a esmerilarlas.[9] Notó que tenían mucho carbón, y cuando le tocó su turno descubrió que el carburador estaba sucio y casi obstruido. No en balde[10] daba tirones y cancaneaba.[11] Este trabajo aplacaba un tanto sus nervios. No miraba para nadie ni para nada fuera de su carro y esto contribuía también

[1] **sueño despierto** daydream [2] **arrancar** to pull away, start up, pull out
[3] **desconocer** no conocer [4] **remolino** crowd, commotion, whirlpool, maelstrom
[5] **vorágine** vortex [6] **se había . . . ellas** had spilled into them [7] **Para que . . . gato** So that nobody would try to hire his car, he let the air out of one of the tires and put the wheel on the jack [8] **hurgar** fuss, work [9] **esmerilar** to grind
[10] **no en balde** no wonder [11] **cancanear** to spurt

a que nadie se fijara en él.[12] Se había quitado el saco. Como puesto allí a propósito, descubrió que en la capa posterior había un *overall* viejo de mecánico. Se lo puso y se tiznó[13] la cara con grasa. Entonces se subió al pescante,[14] pisando el arranque, pero mirándose al espejo al mismo tiempo. Pensó que difícilmente lo conocerían en aquella facha, salvo que lo miraran muy de cerca y con intención. Sin embargo, su cara tenía algunos rasgos difíciles de olvidar. Tenía los ojos grandes, pardos y un poco prendidos a los lados;[15] tenía una pequeña cicatriz[16] sobre uno de sus grandes pómulos;[17] y los labios describían una línea curiosa, que lo hacían siempre a punto de sonreírse con una sonrisa amarga. «Risita-de-conejo»,[18] le pusieron en un garaje. En conjunto, sus rasgos se pegaban de un modo persistente. Nunca se le había ocurrido pensar en que esto tuviera importancia.

[12]**esto . . . en él** this also helped for him to pass unnoticed by everyone [13]**tiznar** to smudge [14]**pescante** driving seat [15]**un poco . . . lados** somewhat drawn to the sides [16]**cicatriz** scar [17]**pómulo** cheekbone [18]**«risita-de-conejo»** rabbit smirk

Preguntas

1. ¿Por qué se inquietaba Ramón viendo al otro hombre?
2. ¿Qué hizo Ramón para fingir que no se incomodaba?
3. ¿Por qué piensa Ramón que no debe ni puede escapar de la situación?
4. ¿Qué causaba la obstrucción de las calles?
5. ¿Qué hizo Ramón para que nadie intentara alquilar su coche?
6. ¿Qué hizo con el motor? ¿En qué condición estaba?
7. En el cambio de ropa, ¿qué se quitó y qué se puso?
8. ¿De qué otra manera procuró Ramón disfrazarse?
9. ¿Cómo eran sus facciones?
10. ¿Es la cara de Ramón fácil o difícil de olvidar?

Expansión de vocabulario

I Estudie detenidamente la lista siguiente. Las palabras que aparecen en letra negra están indicadas en la lectura anterior.

	Adjetivo	*Sustantivo*	*Verbo*	*Adverbio*
1	**despierto**	despertar	despertar(se)	
2	inquieto	**inquietud**	inquietar	inquietamente
3	fingido	fingimiento	**fingir**	fingidamente
4	**contrario**	contrariedad	contrariar	contrariamente
5	atrevido	atrevimiento	**atrever(se)**	atrevidamente
6	sospechoso	**sospecha**	sospechar	sospechosamente
7	**sucio**	suciedad	ensuciar	
8	**obstruido**	obstrucción	obstruir	
9	grasiento[1]	**grasa**	engrasar	

[1] también, grasoso

II Complete cada oración con la forma apropiada de la palabra en letra negra.

1	**despierto**	El ______________ de su interés se notó cuando empezaron a hablar del seguro para los coches.
2	**inquietud**	Estoy bastante ______________ a causa de los rumores que circulan.
3	**fingir**	El hecho de que el estudiante ______________ estar enfermo no le agradó nada al profesor.
4	**contrario**	La ______________ de sus aliados le sorprendió.
5	**atrever(se)**	¡Qué ______________ son los ladrones! Entraron por la puerta principal en plena luz del día.
6	**sospecha**	Toda esta evidencia es un poco ______________, pero realmente no indica nada cierto todavía.
7	**sucio**	El lodo ______________ el coche recién lavado.
8	**obstruido**	¡Ahí vienen! No ______________ su paso.
9	**grasa**	El mecánico tiene las manos ______________ después de trabajar con los motores. Tiene que usar un jabón muy fuerte para lavárselas.

III De la lista B, escoja la expresión sinónima a las palabras en la lista A.

	A		B
1	atento	1	notar
2	arrancar	2	poner en marcha
3	de antemano	3	a propósito
4	en balde	4	controlar
5	aplacar	5	solícito
6	fijarse en	6	previamente
7	tiznarse	7	en vano
8	con intención	8	mancharse

Discusión de la fotografía

1. ¿Por qué está abierto el bonete del carro?
2. ¿Qué está haciendo el señor que está delante del primer carro?
3. ¿Dónde sucedió la avería del carro?
4. ¿Para qué será el vehículo que está detrás del coche que tiene abierto el bonete?
5. ¿Qué tiene el segundo vehículo en el techo?
6. ¿Quién es el hombre que lleva uniforme? ¿Qué hace?

Posibilidades

1 Como si Ud. fuera el hombre que está mirando el motor o el oficial de la patrulla de auxilio, invente una conversación sobre lo que ha pasado y lo que se va a hacer.
2 Imagínese ser el automovilista que está dentro del primer coche. Cuente lo que pasó y su reacción al problema.

Para la discusión oral

1 Son notorios los casos de abuso del público por parte de los talleres de reparaciones. En algunos estados el gobierno ha establecido reglamentos para proteger al motorista y garantizar la justicia en las composturas. ¿Conoce Ud. de algún caso en que Ud., un amigo o un pariente haya sido víctima de un abuso? ¿Qué pasó?
2 ¿Qué se ha hecho en su pueblo para controlar el tráfico y evitar las congestiones en las calles?
3 Si Ud. comprara un coche nuevo, ¿qué marca compraría? ¿Por qué?
4 ¿Ha tenido Ud. alguna vez una avería en el camino o en medio del tránsito de la ciudad? ¿Qué sucedió?

Temas de composición

1 Uno de los problemas más graves del mundo modernizado es la congestión de las ciudades producida por la cantidad de camiones y coches particulares. En algunos lugares la situación es peor aún porque la atmósfera además está contaminada con el humo de los vehículos—combinación que vuelve cada paseo o viaje en coche, por corto que sea, una verdadera pesadilla. A pesar de esto, la mayoría de los norteamericanos prefieren el lujo y la comodidad de sus coches particulares al uso de los autobuses y trenes. En su opinión, ¿cuáles son las razones históricas y sicológicas que explican esta preferencia? ¿Piensa Ud. que sería posible cambiar la mentalidad y pensamiento de un pueblo entero para que aceptara el transporte público y se sirviera de él? ¿Cómo? ¿Cree Ud. que sea necesario? ¿Por qué?

2 Escriba una composición acerca de un accidente que Ud. haya presenciado. Puede ser ficticio.

CAPÍTULO 9
EN EL AEROPUERTO

VOCABULARIO ÚTIL

volar ir o moverse por el aire
el vuelo viaje en avión
abrochar el cinturón cerrar la correa de seguridad
despegar levantar vuelo
el despegue acción de levantar vuelo
hacer escala parar en algún lugar temporalmente
aterrizar descender a tierra
el aterrizaje acción de descender y llegar a tierra
la azafata, la aeromoza señorita que atiende a los pasajeros a bordo
la tripulación conjunto de las personas dedicadas a la maniobra y servicio de un avión o barco
el (la) tripulante miembro de la tripulación
la aduana oficina donde se registra lo que se importa o exporta

facturar to check (through)
el ala wing
la hélice propeller
la repisa overhead shelf or compartment

el jet	el oxígeno	el motor
el piloto	la inmigración	la cabina
la clase turista	el pasaporte	la terminal
primera clase	registrar	chequear

Ejercicios de vocabulario

I Complete cada oración con la forma apropiada de una palabra de la lista.

vuelo	oficina de inmigración
facturar	pasaporte
despegue	cabina
tripulación	ala
aduana	hélice

1 Los miembros de la ______________ están preparados para enfrentar cualquier emergencia.
2 La compañía anunció un ______________ directo a Lisboa.
3 Uno debe averiguar que su ______________ esté en regla antes de viajar.
4 Al pasar por la ______________, preguntan cuánto tiempo uno espera estar en el país y el propósito de la visita.
5 El ______________ del jet fue un poco turbulento.
6 Le aconsejo ______________ esa maleta, pues no hay lugar debajo del asiento para equipaje tan grande.
7 Los que llevan pasaje de primera clase se sientan en la ______________ delantera.
8 Para pasar por la ______________, la mayoría de las veces hay que abrir el equipaje para que lo revisen.
9 Aunque se estropee una ______________, un avión de cuatro motores vuela bien con tres.
10 Algunos jets militares no tienen ______________; casi parecen proyectiles.

II Reemplace las palabras en letra negra con la forma apropiada de un sinónimo o una expresión parecida de la lista.

armario para equipaje	azafata
abrochar	clase turista
hacer escala	pasaporte
aterrizar	escalera mecánica

1 Su **identificación de nacionalidad y nacimiento** está en orden, señor. Puede pasar a bordo. Gracias.
2 El vuelo número 93 **para** en tres ciudades antes de llegar a Buenos Aires.
3 Quisiera dejar mi maleta en este **depósito,** pero no tengo cambio.
4 Claro que el servicio en **la clase económica** no es tan bueno como en primera, pero ¿qué importa si el vuelo dura sólo una hora?
5 Hay que **cerrar la hebilla del** cinturón si hay turbulencia.
6 Baje Ud. a recobrar su maleta por esta **escalera eléctrica.**
7 **La hostess** te dará un cojín y una manta si quieres dormir.
8 El avión que Ud. espera **llegó** hace poco. Vaya a la puerta número 9.

DIÁLOGO En el aeropuerto

hacer cola esperar en una línea
hacer falta necesitar
menos mal no matter, so much the better
secuestro skyjack
quejona que se queja mucho
maletín valija pequeña que se lleva en la mano
equipaje de mano hand luggage
atrancado stuck
pegar los ojos to close my eyes
traguito drink
estirar to stretch

Ricardo y su señora Margarita están haciendo cola para pasar por el punto de revisión de documentos y subir a bordo de su vuelo internacional. Entre tanto, conversan.

Ricardo ¿Tienes tu pasaporte y tarjeta de vacuna listos?
Margarita Sí, pero no creo que haga falta la tarjeta. Sólo la revisan al llegar.
Ricardo Tienes razón. Oye, ¿qué te pareció la inspección de seguridad?
Margarita Más estricta que antes, pero menos mal. Estoy dispuesta a sufrir la molestia con tal de tener un vuelo tranquilo sin secuestro. Pero, ¿oíste a la señora quejona que iba delante . . . el disgusto que le entró cuando le pidieron que vaciara el maletín que llevaba?
Ricardo Sí, la oí. Pobre, pero llevaba demasiado. El equipaje de mano no puede ser tanto.
Margarita Verdad. Oye, sigue. Te espera el señor.
(Después)
Mira, ahora aterriza un avión procedente de Buenos Aires.
Ricardo Sí, pero ahora anuncian la salida del nuestro con destino a Lima. Vamos.
(A bordo)
Margarita Aquí están nuestros puestos. Tú al lado de la ventanilla si quieres; yo quiero ver la película si es que hay una.
Ricardo ¡Qué asientos tan cómodos! Son mucho mejores que los anteriores, ¿no te parece? Tienen más espacio para las piernas.
Margarita Oye, ayúdame, por favor. Mi cinturón está atrancado y no lo puedo abrochar. . . . Ya está.
Ricardo Es un vuelo de casi ocho horas—muy fatigante, creo. A pesar de la pastilla para dormir, no podré pegar los ojos.
Margarita Bueno, con un traguito y tanta comida como suelen servir, por lo menos estarás tranquilo. También creo que hacemos una escala, así que podrás estirar las piernas un poco.

Ricardo ¿De veras? Creía que era vuelo sin escala. ¿En qué lugar paramos?

Margarita No estoy segura, pero creo que en Panamá. Sirve de eje para los vuelos entre las dos Américas. ¿Cómo es la vista de tu ventanilla?

eje axis, center

Ricardo Buena; por lo menos el ala está atrás. Pero a la altura que volamos, no se ve casi nada—sólo una que otra nube.

Margarita Ahí viene la aeromoza. Oye, está hablando en francés con ese señor. ¿Cómo será la vida de ellas, conociendo tantos lugares cada semana? ¡Qué maravilloso debe ser! Buenos Aires hoy . . . París mañana . . . Roma pasado mañana . . .

Ricardo No vayas a soñar con eso ahora. Me imagino que debe ser muy interesante. Siempre me asombra el dominio que tienen de varias lenguas. En este vuelo se oyen por lo menos tres: inglés, español y francés. Hablarán portugués también, me imagino.

soñar con to dream about

asombrar sorprender

Margarita ¿Han retirado ya el corredor movedizo?

corredor movedizo moveable passage (way)

Ricardo Sí, apenas ahora. En pocos minutos vamos a despegar. ¿Estás bien? ¿No te vas a marear?

marearse ponerse enfermo por el movimiento

Margarita ¡Cómo se te ocurre! Eso nunca me pasa. Sólo una vez . . . en una tempestad terrible. Sí, estoy bien, gracias. ¿Y tú? A ver si hay demora para pasar a la pista. Casi siempre la hay. Ya vamos . . .

pista runway

Preguntas

1 ¿Qué quiere saber Ricardo mientras esperan en la cola?
2 ¿Qué cambios ha habido últimamente en el punto de control de seguridad? ¿Por qué los han hecho?
3 ¿Qué llevaba la señora que iba delante del matrimonio y por qué se enfadó?
4 ¿Qué cambios ha efectuado la línea aérea para aumentar la comodidad de los pasajeros?
5 ¿Qué pasa con el cinturón de seguridad de Margarita?
6 Según su señora, ¿qué va a ayudar a que le entre sueño a Ricardo?
7 ¿Tiene que aterrizar el avión en algún lugar?
8 Durante el vuelo, ¿cómo será la vista desde el avión?
9 Según Margarita, ¿cómo es la vida de las aeromozas?
10 ¿Son Ricardo y su señora susceptibles al mareo?

Expansión de vocabulario

I Reemplace las palabras en letra negra con un sinónimo o una expresión parecida.

1 Estoy seguro que va a ser un viaje **que cansa mucho.** Pasamos por cinco zonas de tiempo.
2 El movimiento y el sacudimiento durante la tormenta me hicieron **enfermar** un poco. Pero fue peor el susto.
3 Las **maletas más pequeñas** pueden caber debajo de los asientos, pero no en la repisa.
4 No es **inconveniente ninguno** hacerle este favor.
5 Unos terroristas **robaron** el avión y amenazaron volarlo.
6 No me gusta trabajar con él. Es demasiado **refunfuñador;** nada le gusta.

Discusión de la fotografía

1 ¿Quién es la mujer que mira a la chica que está en el suelo?
2 ¿Qué hacen los niños?
3 ¿Cómo está vestido el hombre que mira al niño? ¿Qué le da una apariencia tan elegante?
4 ¿Qué hace la señora que se ha acurrucado en su asiento?
5 El avión debe ser uno de los modernos 747 o DC-10. ¿Cómo se sabe?

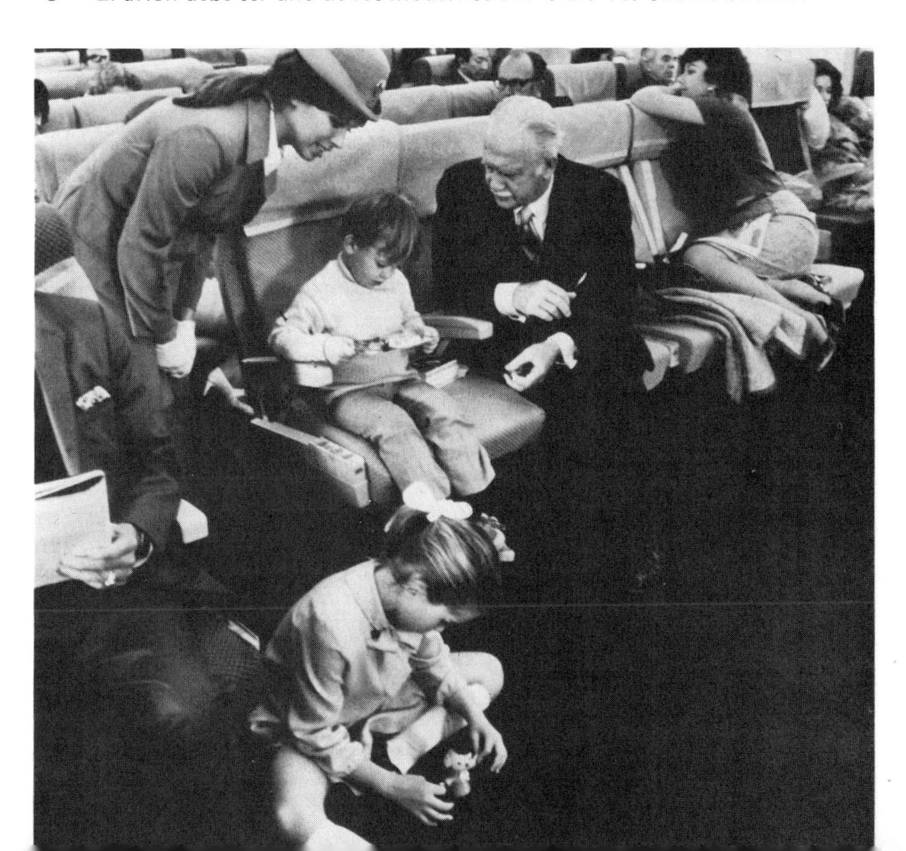

Posibilidades

1. Invente una conversación entre la azafata, el señor y los dos niños.
2. Como si Ud. fuera la mujer acurrucada en su asiento o el señor de anteojos que está sentado en la fila atrás, imagine una charla entre Uds. sobre el vuelo, su propósito por el viaje y otros tópicos.
3. Tomando el punto de vista de la azafata, invente una conversación con algunas de las otras azafatas a bordo del mismo avión sobre el viaje, los pasajeros y algunos problemas especiales que se hayan presentado en este vuelo.

Para la discusión oral

1. ¿En qué consiste la diferencia entre los nuevos jets—el 747 y el DC-10—y los antiguos como el 727 por ejemplo?
2. Si Ud. ha volado recientemente, describa el proceso de control de seguridad por el cual Ud. pasó antes de ir a bordo.
3. Algunos aparatos a bordo de un avión son: el cinturón de seguridad, la máscara de oxígeno, el chaleco salvavidas, puertas de emergencia y bolsas para el mareo. ¿Cuál es el propósito de cada uno de estos aparatos?
4. ¿Le pasó a Ud. una experiencia rara en el aeropuerto o a bordo de un avión alguna vez? Explique lo que pasó. Si no ha tenido ninguna experiencia, invente una.
5. Describa un viaje típico por avión desde la llegada al aeropuerto hasta la llegada al destino.

Temas de composición

1. Hace unos años los aeropuertos y las aerolíneas en casi todas partes del mundo se vieron obligados a introducir nuevos procesos de chequeo contra el posible secuestro de los aviones y peligro de la vida de los pasajeros. Escriba un ensayo sobre el terrorismo—por el secuestro, la intimidación o la amenaza—en el mundo actual y cómo afecta la vida de todo el mundo.
2. Los jets actuales pueden cubrir la distancia entre Europa y la costa oriental de los Estados Unidos en unas seis o siete horas. Aún así, se están construyendo actualmente nuevos jets capaces de desarrollar velocidades cada vez más altas para viajar entre Londres y Nueva York en menos de tres horas, por ejemplo. ¿Cree Ud. que la gente moderna es víctima de una «manía de la velocidad» en los aviones, los trenes y los carros? Elabore sus pensamientos en un ensayo sobre la velocidad en el mundo actual.

CAPÍTULO 10

EN LA ESTACIÓN DE FERROCARRIL

VOCABULARIO ÚTIL

el mozo, el cargador el que está en un lugar público para llevar bultos, maletas, etc.

la consigna, la sala de equipajes depósito donde los pasajeros pueden dejar el equipaje

el talón, la contraseña recibo por el equipaje dejado o facturado

el carrito objeto en el cual se puede colocar maletas y otros bultos para empujarlos en vez de llevarlos a mano

el boleto (billete) de ida boleto que sirve sólo para ir a un lugar, pero no para volver

el boleto (billete) de ida y vuelta boleto que sirve para ir a un lugar y para volver también

el horario lo que indica la hora de las salidas y las llegadas de los trenes, aviones, etc.

el andén lugar donde los pasajeros suben al tren

el coche comedor coche de un tren en que se puede comer

el coche cama coche de un tren en que se puede dormir

el revisor el que recoge los billetes en el tren

el maquinista el que maneja la locomotora

el baúl trunk

el coche, el carro, el vagón car, coach

la primera, segunda, tercera clase first, second, third class

el gabinete drawing room

la cortinilla shade

los rieles rails

Ejercicios de vocabulario

I Complete cada oración con la forma apropiada de una palabra de la lista.

mozo	andén
carrito	coche comedor
talón	riel
horario	maquinista
boleto de ida y vuelta	primera clase

1. El ______________ es el carro que sigue; allí Ud. encontrará refrescos y comida.
2. Por favor, presente su ______________ para identificar su maleta.
3. Los hombres están reparando los ______________ del ferrocarril.
4. Pasemos por esta puerta y luego al ______________ número once; el tren sale en pocos minutos.
5. Con tantos cambios, creo que la compañía debe publicar un nuevo ______________ .
6. Ud. pasará la noche mejor si compra un boleto en ______________ . Allí uno está mucho más cómodo.
7. Te aconsejo que compres un ______________ con un plazo de siete días. Es más económico.
8. Mi maleta es muy pesada. ¿Dónde puedo encontrar un ______________ ?
9. El ______________ me dijo que no puede ayudar. Está esperando a que una señora retire su maleta para ayudarla a ella.
10. Dicen que el accidente del tren fue ocasionado por el cansancio del ______________ .

II Identifique.

1. El empleado que chequea los boletos
2. Un cuarto pequeño pero particular a bordo de un tren
3. El lugar donde uno puede dejar el equipaje por un tiempo
4. El carro con asientos que se convierten en camas
5. Lo que se baja en la ventana para impedir que entre el sol

DIÁLOGO En la estación de ferrocarril

Alfonso se presenta en la sala de equipajes para recoger su valija que dejó por la mañana.

Mozo Buenas tardes, señor. ¿En qué le puedo servir?

Alfonso Vengo a recoger la maleta que dejé aquí

esta mañana. Por favor . . . aquí tiene Ud. la contraseña.

Mozo Seguro, señor. ¿Cómo es la maleta? ¿Grande? ¿Pequeña?

Alfonso Es una grande, de color negro. Está bastante gastada por el uso.

gastado worn

(Después de unos momentos)

Mozo Perdón, señor. No la puedo encontrar. ¿Cuándo dice que la dejó aquí?

Alfonso Esta mañana, como a las once. No quería cargarla todo el día pues mi tren no sale hasta ahora. ¡Cómo que no puede encontrarla! ¿Qué le puede haber pasado?

Mozo Voy a ver otra vez, pero si Ud. tiene el talón, no se preocupe. Las pérdidas siempre se arreglan.

importar un bledo no importar nada

Alfonso Me importa un bledo que todo se arregle más tarde. Yo la necesito en este mismo momento; mi tren sale ahora mismo. Siga buscándola.

Mozo *(Al volver)* Ya ve, señor. Aquí está. Estaba medio escondida porque pusieron un baúl encima que sólo dejaba ver la esquina de la suya.

Alfonso Gracias. Tengo que volar, si no, voy a perder el tren. Aquí . . . tome *(dándole la propina).*

(Corriendo por la estación y pensando para sí mismo)

Alfonso ¿Será que sólo quería que le aumentara la propina y por eso me dijo que no podía localizarla al principio? Son muy mañosos éstos . . . en fin, ya pasó. A ver, ahora voy a ver si el tren sale a tiempo o con retraso y luego al andén.

Preguntas

1 ¿Cuándo dejó Alfonso su maleta en la consigna? ¿Por qué no quería llevarla?
2 ¿Cómo es su maleta?
3 ¿Por qué se preocupa Alfonso?
4 ¿Por qué no pudo el mozo encontrar la maleta al principio?
5 Según Alfonso, ¿qué truco puede haber utilizado el mozo para ganar más propina?

LECTURA El guardagujas

«El guardagujas», cuento famoso del escritor mexicano *Juan José Arreola,* (1918-), presenta el encuentro casi irreal y fantasmal entre un viajero y un viejo nativo del lugar. El trozo siguiente es la primera parte de este encuentro.

El forastero llegó sin aliento[1] a la estación desierta. Su gran valija, que nadie quiso conducir,[2] le había fatigado en extremo. Se enjugó[3] el rostro con un pañuelo, y con la mano en visera[4] miró los rieles que se perdían en el horizonte. Desalentado y pensativo consultó su reloj; la hora justa en que el tren debía partir.

Alguien, salido de quién sabe dónde, le dio una palmada muy suave. Al volverse, el forastero se halló ante un viejecillo de vago aspecto ferrocarrillero.[5] Llevaba en la mano una linterna roja, pero tan pequeña, que parecía de juguete.

Miró sonriendo al viajero, y éste le dijo ansioso su pregunta:
—Usted perdone, ¿ha salido ya el tren?
—¿Lleva usted poco tiempo en este país?
—Necesito salir inmediatamente. Debo hallarme en T. mañana mismo.[6]
—Se ve que usted ignora por completo lo que ocurre. Lo que debe hacer ahora mismo es buscar alojamiento en la fonda para viajeros.— Y señaló un extraño edificio ceniciento[7] que más bien parecía un presidio.
—Pero yo no quiero alojarme, sino salir en el tren.
—Alquile usted un cuarto inmediatamente, si es que lo hay. En caso de que pueda conseguirlo, contrátelo por un mes; le resultará más barato y recibirá mejor atención.
—¿Está usted loco? Yo debo llegar a T. mañana mismo.
—Francamente, debería abandonarlo a su suerte. Sin embargo, le daré unos informes.
—Por favor . . .
—Este país es famoso por sus ferrocarriles, como usted sabe. Hasta ahora no ha sido posible organizarlos debidamente, pero se han hecho ya grandes cosas en lo que se refiere a la publicación de itinerarios y a la expedición[8] de boletos. Las guías ferroviarias comprenden y enlazan[9] todas las poblaciones de la nación; se ex-

[1] **sin aliento** breathless [2] **conducir** to carry [3] **enjugarse** to wipe
[4] **y . . . visera** using his hand as a shield [5] **de . . . ferrocarrillero** who bore some resemblance to a railroad employee [6] **mañana mismo** tomorrow for sure
[7] **ceniciento** ash-color red [8] **expedición** dispatch [9] **enlazar** to connect, join

penden boletos hasta para las aldeas más pequeñas y remotas. Falta solamente que los convoyes cumplan las indicaciones contenidas en las guías y que pasen efectivamente por las estaciones. Los habitantes del país así lo esperan; mientras tanto, aceptan las irregularidades del servicio y su patriotismo les impide cualquier manifestación de desagrado.

—Pero, ¿hay un tren que pase por esta ciudad?

—Afirmarlo equivaldría a cometer una inexactitud. Como usted puede darse cuenta, los rieles existen, aunque un tanto averiados.[10] En algunas poblaciones están sencillamente indicados en el suelo, mediante dos rayas de gis.[11] Dadas las condiciones actuales, ningún tren tiene la obligación de pasar por aquí, pero nada impide que eso pueda suceder. Yo he visto pasar muchos trenes en mi vida y conocí algunos viajeros que pudieron abordarlos. Si usted espera convenientemente, tal vez yo mismo tenga el honor de ayudarle a subir a un hermoso y confortable vagón.

—¿Me llevará ese tren a T.?

—¿Y por qué se empeña[12] usted en que ha de ser[13] precisamente a T.? Debería darse por satisfecho si pudiera abordarlo. Una vez en el tren, su vida tomará efectivamente algún rumbo.[14] ¿Qué importa si ese rumbo no es el de T.?

[10]**un tanto averiados** no en muy buenas condiciones [11]**mediante . . . gis** by means of two chalk lines [12]**empeñarse** insistir [13]**ha de ser** it must be [14]**rumbo** dirección

Preguntas

1. ¿Qué le había cansado tanto al viajero?
2. Se supone que hacía mucho calor. ¿Por qué?
3. ¿Qué había de curioso en el otro hombre?
4. ¿Por qué está preocupado el viajero?
5. ¿Qué le recomienda el viejo al viajero? ¿En qué sentido son sus consejos extraños?
6. ¿Cómo puede el turista sacar mayores beneficios financieros en la fonda?
7. ¿Qué etapas han caracterizado los negocios de la compañía de ferrocarriles hasta ahora?
8. ¿Por qué es dócil el público con respecto al servicio de la compañía?
9. ¿Cuándo pasan los trenes por la estación?
10. El maravilloso cuento de Arreola se desenvuelve en un plano casi irreal de espejismo, esfera nebulosa de fantasía e incoherencia. En el trozo citado, el lector ya puede apreciar ciertos toques en la creación del ambiente mágico. ¿Cuáles son y cómo contribuyen a la formación de dicho ambiente?

Expansión de vocabulario

I Estudie detenidamente la lista siguiente. Las palabras que aparecen en letra negra están indicadas en la lectura anterior.

	Adjetivo	*Sustantivo*	*Verbo*	*Adverbio*
1	perdido	pérdida	**perder**	perdidamente
2	**desalentado**	desaliento	desalentar	desalentadamente
3	**suave**	suavidad	suavizar	suavemente
4	**viejo**	vejez	envejecer	
5	juguetón	**juguete**	jugar	
6	alojado	**alojamiento**	alojar(se)	
7	franco	franqueza	franquear(se)	**francamente**
8	cumplido[1]	cumplimiento	**cumplir**	cumplidamente
9	**averiado**	avería	averiarse	
10	conveniente	conveniencia	convenir	**convenientemente**
11	preciso	precisión	precisar	**precisamente**
12	**satisfecho**	satisfacción	satisfacer	satisfactoriamente

[1] **cumplido** polished, courteous, responsible

II Complete cada oración con la forma apropiada de la palabra en letra negra.

1	**perder**	La ______________ de mi billetera me dio mucha pena porque tenía no sólo dinero sino también fotos de la familia.
2	**desalentado**	Lo que dijo el jefe no fue para ______________ a los trabajadores, sino para advertirles de la situación.
3	**suave**	Intente Ud. hablar con ellos de antemano para ______________ su reacción.
4	**viejo**	No lo he visto en tantos años. ¡Cómo ha ______________ !
5	**juguete**	El gatito era muy ______________ .
6	**alojamiento**	Durante mi estancia en Córdoba estaba ______________ en una pensión muy bonita.
7	**francamente**	Para decirte con toda ______________ , es mejor que te quedes.
8	**cumplir**	Es una persona muy formal y ______________ ; siempre hace lo que dice.
9	**averiado**	El paquete puede ______________ en el correo de Navidad. Envuélvalo bien.
10	**convenientemente**	Yo sé que este plan les ______________ .
11	**precisamente**	¿Querría Ud. ______________ un poco más sus intenciones?
12	**satisfecho**	No me dio las gracias porque no estaba ______________ con el trabajo que hice.

III De la lista B, escoja la expresión sinónima a las palabras en la lista A.

	A		B
1	forastero	1	obtener
2	valija	2	maleta
3	pensativo	3	cárcel
4	ignorar	4	extranjero
5	señalar	5	desconocer
6	presidio	6	meditabundo
7	conseguir	7	apuntar
8	sin embargo	8	de todas maneras

Discusión de la fotografía

1 Describa Ud. las cosas que se ven en la fotografía.
2 ¿Hay mucha gente esperando en los andenes?
3 ¿A dónde llegará uno al pasar por la puerta principal en la parte izquierda de la fotografía?
4 ¿Para qué servirán los cuartos detrás de las otras puertas?

Posibilidades

1 Invente una conversación entre las cuatro personas sentadas en el banco cerca de la vía número uno.
2 Imagínese que Ud. es un pasajero que ha perdido el último tren. Tiene que pasar la noche en esta estación de ferrocarril. Invente una conversación entre Ud. y otra persona que está esperando.
3 Imagínese estar en esta estación y que está hablando con un compañero o una compañera. Discuta los aspectos de la estación que le dan un ambiente de soledad.

Para la discusión oral

1 ¿Prefiere Ud. viajar por avión o en tren? ¿Por qué?
2 Prepare Ud. una conversación extemporánea entre dos viajeros que están en la estación de ferrocarril.
3 Ud. está en una estación de ferrocarril. Le hace falta un billete. Invente una conversación entre Ud. y el taquillero.
4 Ud. tiene que esperar unas tres horas antes de que salga su tren. En vez de quedarse en la estación, Ud. prefiere visitar la ciudad pero no quiere llevar las maletas. Prepare una conversación entre Ud. y el empleado de la consigna en el momento de facturar las maletas o de recogerlas.

Temas de composición

1 Si Ud. ha viajado últimamente por tren, cuente sus experiencias y sus impresiones, no sólo del viaje sino del servicio a bordo.
2 Anteriormente los ferrocarriles de los Estados Unidos eran un medio de transporte muy importante en la vida norteamericana, y todavía el tren ocupa un lugar muy significativo en Europa y en la América Latina. ¿Por qué piensa Ud. que el uso de los ferrocarriles de pasajeros ha disminuido tanto en los Estados Unidos? ¿Qué factores económicos y sociológicos han contribuido al desuso de los trenes en este país? ¿Cree Ud. que esta situación está cambiando ahora o cambiará en el futuro?

SEGUNDA UNIDAD
LA VIDA PROFESIONAL

CAPÍTULO 11
LA AGENCIA SOCIAL

VOCABULARIO ÚTIL

la beneficencia pública conjunto de servicios y ayuda social que se ofrecen al público
el (la) trabajador(a) social persona que trabaja en los servicios sociales para ayudar a la gente
el (la) consejero(a) persona que da información y sugiere modos de proceder a alguien que tiene problemas
solicitar un empleo presentarse para un empleo y llenar los formularios necesarios
la contratación acto de dar un empleo a una persona
ascender adelantar en el empleo a un puesto más alto o con más sueldo
el ascenso acto de adelantar
el desempleo, la desocupación falta de empleo
la suspensión temporal pérdida del empleo por un período limitado
despedir quitarle el empleo a alguien
el despido acto de quitarle el empleo a una persona
la procedencia, el origen ascendientes o abuelos

la igualdad de derechos equal rights
la igualdad de oportunidad equal opportunity
el prejuicio prejudice
la pobreza, la indigencia poverty
la vivienda popular public housing

discriminar
la discriminación

Ejercicios de vocabulario

I Complete cada oración con la forma apropiada de una palabra de la lista.

solicitar un empleo	ascender
desempleo	beneficencia pública
suspensión temporal	despido
procedencia	igualdad de oportunidad
consejero	indigencia

1. El ______________ siempre es un problema muy serio en períodos de depresión económica. No hay suficiente trabajo.
2. La discriminación por razones de raza, color, religión o ______________ es prohibida por la Ley de Prácticas Equitativas en el Trabajo.
3. Los distintos servicios y agencias de ______________ están centralizados en el edificio del Ministerio Social.
4. La ______________ es garantizada por la ley, pero parece que hay infracciones.
5. En la Oficina de Vivienda Popular, que protege contra prácticas discriminatorias en el arrendamiento, Ud. puede hablar con un ______________ sobre su caso.
6. A la entrada de la compañía hay un aviso para guiar a la gente que quiere ______________ a la Oficina de Contratación.
7. A causa de la falta de ventas, la fábrica anunció una ______________ de cincuenta obreros por dos semanas.
8. Las casuchas de este barrio son un reflejo de la ______________ de la mayoría de los residentes.
9. Por la alta calidad de su trabajo, ______________ a la Srta. Tapia a un puesto mucho mejor.
10. El ______________ de tantos empleados en el mismo pueblo produjo un efecto muy negativo en la economía local.

DIÁLOGO En la Comisión de Prácticas Equitativas en el Trabajo

Comisión . . . Trabajo Human Rights Commission

En la pequeña cafetería del edificio de servicios sociales de la ciudad, la Srta. Carmen Mendoza, representante de la Comisión de Prácticas Equitativas en el Trabajo, se encuentra con Federico Jiménez, trabajador social y antiguo amigo suyo.

Federico ¿Qué hay, Carmen? No te he visto desde que volviste de tus vacaciones. ¿Cómo te fue? Ven . . . vamos a tomar un café por allí.

Carmen Hola, Federico . . . es verdad. ¿Sabes que no hice nada durante las vacaciones este año? Pero me las pasé bien. Vinieron unos parientes de visita, y con esto y con lo otro se pasaron los días. Pero, uf—qué trabajo tengo ahora. Estoy tan retrasada en la oficina que no sé cuándo me voy a poner al día. Oye, ¿qué pasó con el caso de ese señor . . . ¿cómo se llamaba? . . . el que vino a verme y le dije que necesitaba hablar con otra persona de otra oficina. Te llamé a ti y te lo mandé. ¿Te acuerdas? El señor había perdido su trabajo y su señora estaba enferma . . . él no podía cuidar a la familia y también buscar trabajo.

con . . . otro with this and that

me voy . . . día I'll catch up

Federico Sí, me acuerdo perfectamente bien. Fui a visitarlos en su casa para evaluar mejor su situación general. Todo les ha salido bien, felizmente. Lo primero que hicimos fue arreglar que los niños fueran a una guardería infantil. Después, vi que una enfermera pasara tres tardes por semana con la señora. Al señor le dimos una sesión de orientación vocacional que aparentemente le ayudó porque consiguió un trabajo bastante bueno. Por lo que me dice la enfermera, la señora está mucho mejor, pero los niños están todavía en la guardería hasta que ella se alivie.

Todo . . . bien Everything has turned out well for them

guardería infantil day care center

Carmen Qué bien. Y dime, ¿qué fue de los Piñón . . . la familia que vino por ayuda para los abuelos?

Federico Ah . . . ésta es una historia muy larga y complicada. Ahora no tengo tiempo para contártela. ¿Por qué no nos almorzamos juntos?

Carmen Buena idea. *(viendo su reloj)* Yo tengo cita con una señora a las 10:30 y ya son las 10:40.

Federico Paso por tu oficina al mediodía.

Carmen Bien. Hasta luego.

(Momentos después, la Sra. Sánchez entra en la oficina de la Srta. Mendoza para consultarla sobre su situación.)

Srta. Mendoza Pase Ud., señora. Siéntese. Desgraciadamente no he tenido tiempo de leer el formulario que Ud. llenó en la recepción, así que ¿por qué no me cuenta en sus propias palabras lo que ha pasado y qué la trae por aquí?

Sra. Sánchez Gracias; es muy amable. Esto es lo que pasó. Había estado trabajando como recep-

Compañía . . . Seguros International Insurance Co.

cionista y guía bilingüe para la Compañía Internacional de Seguros y cuando supieron que estaba esperando, me despidieron.

Srta. Mendoza Como Ud. sabe, la Ley de Prácticas Equitativas en el Trabajo prohibe al patrón discriminar a cualquier persona en la contratación de sus servicios por razones de raza, creencia religiosa, color o sexo. Vamos a ver . . . cuénteme lo que Ud. hacía en la compañía y cuánto tiempo llevaba trabajando ahí.

Sra. Sánchez Mi trabajo consistía en recibir a los visitantes internacionales que venían a conocer la empresa, y como muchos vienen de España e Hispanoamérica, servía de intérprete para explicarles las operaciones de la compañía. Duré en ese empleo poco más de cuatro años.

Srta. Mendoza ¿Y nunca tuvo Ud. problemas con su jefe o con los otros empleados?

mecanógrafa typist

Sra. Sánchez Que yo sepa, no. Al contrario, entré como mecanógrafa y me ascendieron muy pronto hasta llegar a un puesto bastante alto.

Srta. Mendoza ¿Ya estaba Ud. casada cuando empezó a trabajar?

en ese entonces en aquel tiempo

encinta embarazada (pregnant)

Sra. Sánchez No. Me casé hace dos años. Pero eso no tuvo importancia, por lo menos en ese entonces, porque el ascenso al puesto de guía bilingüe vino después. Luego, hace tres meses, descubrí que estaba encinta. Yo quería continuar trabajando hasta el sexto o séptimo mes—aunque fuera en otra capacidad—y luego dejar el trabajo por unos meses hasta después del nacimiento.

Srta. Mendoza ¿Quería o pensaba volver a trabajar después?

Sra. Sánchez Definitivamente . . . y así se lo expliqué a mi jefe. Pero hace dos semanas me llamaron para decir que ya no me necesitaban. ¡Imagínese!

Srta. Mendoza ¿Le dieron alguna razón para despedirla?

cada vez más in greater numbers all the time

Sra. Sánchez Sí . . . dijeron que en vista de que se había reducido el número de visitantes de habla española, ya no me necesitaban. Yo creo que esto fue sólo un pretexto, porque la verdad es que vienen cada vez más.

Srta. Mendoza Bueno, Sra. Sánchez, permítame

indicarle lo que podemos hacer por Ud. Si Ud. cree que se le ha discriminado por su embarazo, puede presentarnos esta información por escrito y algún representante de la comisión investigará su queja en forma privada y con absoluta discreción. El servicio es gratuito, y la ley la protege contra represalias por su queja. Claro que no podemos garantizarle nada, pero en lo posible trataremos que el acto discriminatorio, si lo ha habido, se revoque. Muchas veces estas cuestiones pueden ser resueltas en forma privada y rápida sin la necesidad de recurrir a procesos legales, pero otras veces no. ¿Quiere Ud. que iniciemos una investigación?

embarazo pregnancy
por escrito in written form
represalia reprisal, retaliation

Sra. Sánchez Sí, por favor. Si ya perdí el trabajo, no tengo más que perder.

Srta. Mendoza Bueno. La ayudaremos en cuanto podamos. Ud. tendrá que llenar otro cuestionario más extenso . . . puede usar aquella mesa allí en el hall. Regrese conmigo cuando lo haya terminado.

en cuanto podamos insofar as we can

Sra. Sánchez Gracias, señorita.

Preguntas

1 ¿Cómo pasó Carmen Mendoza sus vacaciones?
2 ¿Qué hizo Federico para ayudar a solucionar el problema familiar del señor que no tenía empleo?
3 ¿Cuál era el puesto de la Sra. Sánchez en la compañía? ¿Qué hacía? Según ella, ¿por qué la despidieron?
4 ¿Contra qué tipos de discriminación protege la ley vigente?
5 ¿Cuál fue el primer trabajo de la Sra. Sánchez cuando comenzó a trabajar para la compañía? ¿Pensaba continuar trabajando a pesar de su embarazo? ¿Hasta cuándo?
6 Según la Sra. Sánchez, ¿qué razones le dieron en la compañía al despedirla?
7 Explique la ayuda que puede proporcionar la comisión y la forma en que intenta resolver los problemas laborales relacionados con prácticas discriminatorias.

Expansión de vocabulario

I Reemplace las palabras en letra negra con la forma apropiada de un sinónimo o una expresión parecida de la lista.

desgraciadamente	ascenso
embarazada	despedir
que yo sepa	

1 La Sra. Rosales está **encinta;** va a dar a luz en el mes de octubre.
2 El nuevo empleado era flojo y descuidado; tuvieron que **echarlo.**
3 Después de tantos años, Pepe consiguió **la promoción** a gerente de su división.
4 **Desafortunadamente,** las cifras indican que el desempleo sigue en aumento.
5 —¿Cree Ud. que la fábrica va a despedir gente en vista de la situación económica?
—Por lo que sé, no. Por lo menos no por ahora.

Discusión de la fotografía

1 ¿Para qué sirve el fichero que está en la esquina izquierda inferior de la fotografía?
2 Al observar a las tres personas, ¿cuál habrá venido por ayuda? ¿Por qué?
3 ¿Cómo se distingue el hombre joven que está a la izquierda del otro hombre?
4 ¿Cuáles son los indicios de la cantidad de trabajo de esta oficina?
5 ¿Para qué cree Ud. que sirvan los archivos que se ven al fondo?

Posibilidades

1 Como si Ud. fuera el señor joven o la mujer que trabaja para alguna rama de los servicios sociales de una ciudad, imagine una entrevista con el señor vestido de traje que ha venido para presentar algún problema.
2 Imaginando que el señor vestido de traje ha ido a solicitar ayuda, invente el diálogo que va a tomar lugar entre él y su familia cuando vuelva a casa.
3 Invente una charla entre el hombre joven y la mujer y otros dos trabajadores sociales mientras están tomando un café en un descanso del trabajo. Están discutiendo algunos de sus casos más interesantes.

Para la discusión oral

1 Se ha comentado mucho sobre los posibles abusos de los programas de beneficencia pública. ¿Cuál es su opinión de los varios programas de ayuda pública que existen?
2 Explique la función de las siguientes organizaciones y servicios del gobierno local o nacional:
a El Departamento de Orientación Vocacional
b Pensiones para trabajadores lisiados
c Seguro Social
d Atención Médica Familiar
e "Medicare"
f Oficina de Planeación Familiar
g Oficina de quejas del consumidor
h Agencia de empleos
i Organización de la defensa civil
j Oficina de Inmigración

Temas de composición

1 Se ha dicho que uno de los problemas de los programas de beneficencia pública es que el recibir dinero gratis y el estar sin trabajo tienden algunas veces a debilitar la voluntad de trabajar. Exponga sus ideas sobre esta cuestión y explique si Ud. piensa que es una característica humana pensar que lo que se recibe gratuitamente no vale tanto como algo que se obtiene mediante trabajo y esfuerzo.
2 Discuta en un ensayo las reformas que Ud. llevaría a cabo en el sistema de beneficencia pública en general o en un área particular.

CAPÍTULO 12
LA AGENCIA DE TURISMO

VOCABULARIO ÚTIL

el balneario lugar donde se toman los baños medicinales; lugar de turismo, generalmente cerca del mar; en algunos países, sinónimo de **playa**
veranear pasar el verano en un lugar de recreo o descanso
el veraneo acción de veranear
la excursión viaje, generalmente corto, a algún lugar de recreo
la gira viaje que consiste en recorrer diversos lugares para volver al punto de origen
la estadía tiempo de permanencia en algún lugar
las tarifas precios que se cobran en los hoteles, las aerolíneas, etc.
reservar pasaje hacer las reservaciones en un avión o tren u otro medio de transporte
el recorrido por mar viaje marítimo
hacer la(s) maleta(s) empacar para ir de viaje
estar con los pies en el estribo, estar con las botas puestas estar listo para partir
dar la vuelta al mundo viajar alrededor del mundo

el (la) guía guide
el folleto brochure
de primera categoría first-class (hotel or accommodations)
de segunda categoría second-class
durante la temporada turística in season
fuera de temporada off season
el turismo nacional domestic travel

Ejercicios de vocabulario

I De la lista B, escoja el mejor complemento a la primera parte de la oración en la lista A.

	A		B
1	Las tarifas del hotel	1	explican los puntos turísticos en español, portugués e inglés.
2	El recorrido marítimo por el Caribe	2	cobran más, pero son más lujosos y el servicio es, por lo general, excelente.
3	Los hoteles de primera categoría	3	son muy altas en temporada de fiestas especiales.
4	Los guías de la compañía	4	es una maravilla para los norteños que quieren escaparse del frío del invierno.
5	Tengo que reservar pasaje de antemano	5	porque me dicen que en aquella temporada los aviones están completos.

II Complete cada oración con la forma apropiada de una palabra de la lista.

turismo nacional	impuesto
balneario	tarifa aérea
gira	de primera (categoría)
folleto	estadía

1 Me encantó mi ______________ en Buenos Aires, pero ¡ojalá hubiera tenido más tiempo!
2 El agente nos dió un ______________ en el cual se describen todos los viajes que se ofrecen.
3 Por razones económicas, el gobierno está tratando de promover el ______________ para que la gente no viaje tanto en el extranjero.
4 Los ______________ de salida se cobran en el aeropuerto. Hay que pagarlos en la moneda del país.
5 Se nota sólo por la elegancia del vestíbulo que es un hotel ______________.
6 Las ______________ resultan más costosas que las del autobús, pero si uno quiere llegar en poco tiempo, vale la pena pagar la diferencia.
7 El ______________ de Ixtapán de la Sal es famoso por sus baños medicinales y como un lugar de descanso completo.
8 La agencia de turismo ha organizado ______________ para los turistas de distintas lenguas.

DIÁLOGO La agencia de turismo

El Sr. Polís entra en una agencia de turismo para pedir informes sobre un viaje que él y su señora piensan hacer. Habla con la Srta. Gallegos, una agente de la empresa.

Srta. Gallegos Buenos días, señor. ¿En qué puedo servirle?

Sr. Polís Buenos días, señorita. El domingo pasado salió un anuncio en el periódico sobre un viaje especial que Uds. organizan al Perú. Quisiera informarme más sobre el itinerario.

Srta. Gallegos Con mucho gusto, señor. Es un viaje especial, como Ud. leyó, para conocer el Perú . . . o por lo menos dos centros específicos: Lima y el Cuzco. Hay dos fechas de partida; el primer grupo saldrá el diez de junio, y el segundo el veinte de julio. El itinerario dura diez días, y todo se incluye en el precio total: el viaje, las comidas, los hoteles, las excursiones, además de las conexiones y hasta las propinas. ¿Tiene Ud. preferencia por alguna fecha? El grupo que se va el diez de junio está ya casi completo. Creo que quedan sólo cuatro o cinco plazas.

completo lleno

Sr. Polís Sí, preferimos la partida en julio. Voy a viajar con mi señora y la segunda fecha nos conviene más. ¿Cuántos días se pasarán en Lima y cuántos en el Cuzco?

Srta. Gallegos Saliendo por la mañana del primer día, llegan a Lima por la tarde. Después, tienen seis días en la capital, pero uno de ellos se pasa en Huancayo, el lugar del famoso mercado indio en la sierra. Hay itinerarios planeados casi todos los días excepto dos, cuando están libres para hacer compras o lo que Uds. quieran. El séptimo día se va al Cuzco; se pasa el día descansando para acostumbrarse a la altura, y al día siguiente se sigue en el tren hasta las ruinas de Machu Picchu. Se pasa esa noche en un pequeño hotel que hay ahí al lado de las ruinas . . . y al próximo día se vuelve a Lima y de allí, en un vuelo nocturno, se regresa a casa.

Sr. Polís Lo único que me preocupa es la altura del Cuzco. Una vez estuve en La Paz, Bolivia, y la falta de oxígeno me afectó mucho.

Srta. Gallegos Comprendo muy bien lo que Ud.

soroche mal de la montaña causado por la falta de oxígeno en las grandes alturas

dice. Yo también he sufrido del soroche en ciertas ocasiones, y el Cuzco es muy alto. Pero Machu Picchu, donde uno tiene que caminar mucho, no es tan alto y allí no tendrá que preocuparse. Ahora, si no se anima mucho a ir al Perú, y si Uds. dos sólo quieren descansar, hay otras posibilidades que le podría recomendar. Por ejemplo, hay lindos viajes a México—a Puerto Vallarta, a Acapulco o a Cozumel. O si no, tal vez les gustaría tomar un recorrido por barco para conocer algunas islas del Caribe y la costa del norte de Colombia.

Sr. Polís Tal vez. Además, en un barco se puede descansar mucho y sólo divertirse cuando se quiera. Pero los cruceros son muy caros, ¿verdad?

Srta. Gallegos Quizás un poquito más de lo que cobramos por el viaje al Perú, pero no tanto. A ver . . . *(Consulta un folleto de propaganda.)* Por ejemplo, aquí tiene uno que sale a mediados de julio . . . quince días . . . varios puertos, incluyendo Curaçāo que yo conozco y es una joya . . . a lo largo de la costa colombiana y por el canal de Panamá. Un camarote para dos personas en la cubierta C no resulta mucho más caro que el viaje al Perú.

camarote stateroom, cabin
cubierta deck

Sr. Polís El precio del pasaje me sorprende mucho. Hubiera creído que saldría mucho más caro.

Srta. Gallegos Pues, ya que es verano, no es la temporada y las tarifas son más bajas que en el invierno.

Sr. Polís ¿No me podría dar algunos de estos folletos; también el del viaje al Perú y los de México? Mi señora y yo vamos a hablar de todo esto y decidir.

Srta. Gallegos Cómo no; quédese con éstos y voy por algunos más. Perdóneme un momento. *(Va y vuelve.)* Aquí los tiene. En cuanto decidan, por favor, recuerde que estoy aquí a sus órdenes para ayudarlos. También les recomiendo reservar su pasaje o avisarme de sus planes tan pronto como sea posible; así se evitan las dificultades, especialmente si deciden ir al Perú.

Sr. Polís Con toda seguridad, señorita. Muy agradecido por su tiempo y ayuda. Hablaré con Ud. dentro de unos días.

Srta. Gallegos Gracias, señor. Hasta pronto.

Preguntas

1. ¿Por qué entra el Sr. Polís en la agencia de turismo?
2. ¿Cómo supo el Sr. Polís del viaje especial que ofrece la compañía?
3. Describa el viaje que ha organizado la agencia.
4. Según la Srta. Gallegos, ¿cómo se pasa la tarde del día de la llegada al Cuzco? ¿Por qué es necesario hacerlo así para la mayoría de los turistas?
5. ¿Qué le pasó al Sr. Polís una vez en La Paz?
6. ¿Cuáles son otras posibilidades que le sugiere la Srta. Gallegos?
7. ¿Cuál es el itinerario del recorrido que sale en julio?
8. ¿Por qué son más bajas las tarifas en verano que en invierno?
9. ¿Qué quiere llevar el Sr. Polís? ¿Por qué?
10. ¿Por qué es recomendable hacer las reservaciones tan pronto como sea posible?

Expansión de vocabulario

I Identifique.

1. La habitación a bordo de un barco
2. Un impreso de anuncio o propaganda
3. El período del año cuando se manifiesta o toma lugar algo
4. La condición producida por la falta de oxígeno
5. El viaje que hace un barco de turistas

II Reemplace las palabras en letra negra con un sinónimo o una expresión parecida.

1. Por favor, señor. Quisiera **informarme** sobre los viajes en vapor al Amazonas.
2. **El plan de viaje** incluye una visita a varios puertos del Mediterráneo.
3. El recorrido **toma** un poquito más de una semana.
4. No nos **gusta** la idea de pasar tres días en ese sitio; no es un lugar muy interesante.
5. El señor **padece** síntomas alarmantes; tal vez sea debido a la falta de oxígeno en el aire.
6. La **altitud** de algunos picos de la sierra hace que estén cubiertos de nieve durante todo el año.
7. La compañía de navegación ofrece varios viajes de **buques** para conocer las islas griegas.
8. El empleado me dijo que me **llevara** este librito de los horarios y las tarifas aéreas, pero uno tiene que ser experto para poder leerlo y entenderlo.

Discusión de la fotografía

1. ¿Qué propaganda contienen los carteles que se ven en las paredes de la agencia?
2. ¿Qué estarán discutiendo las señoras sentadas en el fondo de la agencia?
3. ¿Qué le está mostrando la agente al cliente en el primer escritorio?

Posibilidades

1 Imagínese ser el cliente sentado en el primer escritorio. Prepare una conversación con la agente diciéndole adónde Ud. quiere ir, por qué y el precio que quiere pagar.
2 Imagínese que una de las señoras sentadas en el segundo escritorio acaba de volver de un viaje que le agradó muchísimo. Por consiguiente, ella ha recomendado el viaje a su amiga. Invente una conversación entre las dos señoras y la agente.

Para la discusión oral

1 Describa brevemente un viaje a algunos de los siguientes locales, sirviéndose de lo que Ud. conoce en términos generales del lugar:
   a España
   b Nueva York
   c el Lejano Oriente
   d México
   e California
   f Hawai
   g Inglaterra
   h África.
   i un país latinoamericano
2 Para pasar las vacaciones, ¿prefiere Ud. un lugar tranquilo para descansar o prefiere Ud. viajar constantemente conociendo nuevos lugares? ¿Por qué?
3 Explique lo que quiere decir el dicho «los viajes ilustran» (travel is broadening).
4 Cuando uno viaja en el extranjero, por ejemplo en Europa, ¿piensa Ud. que es mejor conocer pocos lugares, pero conocerlos a fondo, o intentar conocer tantos lugares como se pueda en el tiempo disponible? ¿Por qué?
5 ¿Está Ud. de acuerdo con que gran parte del placer de un viaje consiste en planearlo?

Temas de composición

1 Escriba un ensayo acerca del viaje más interesante que Ud. haya hecho a cualquier parte. ¿Por qué fue un viaje especial?
2 Si Ud. ha viajado en el extranjero, por ejemplo en Europa o en la América Latina, ¿ha notado diferencias en los «modos» o las «actitudes» de viajar de distintos grupos nacionales, por ejemplo, los ingleses, los franceses, los alemanes o los españoles? ¿Cuáles son?
3 Hace algunos años se solía hablar del «americano feo» en el extranjero. El término se refería al turista o al ciudadano norteamericano que se portaba como si fuera un ser superior cuando viajaba. ¿Piensa Ud. que este apodo era —o todavía es—justificado? ¿Por qué? ¿En qué sentido son los turistas embajadores sin título oficial?

CAPÍTULO 13
LA POLICÍA

VOCABULARIO ÚTIL

la patrulla grupo pequeño encargado de la vigilancia de cierta zona
patrullar vigilar, rondar para proteger
la escuadra grupo de policías; «squad»
la multa cantidad de dinero que uno tiene que pagar por haber cometido una infracción
multar imponer una multa
la cacha, la cartuchera, la pistolera receptáculo para guardar la pistola en la cintura
asesinar matar a otra persona
el (la) asesino(a) persona que mata a otro
el asesinato crimen de matar a otro
correr manejar a una velocidad excesiva
el crimen acto de cometer una infracción grave
el delito acto de violar una ley
el delito de incendio acto de poner fuego a algo
la comisaría edificio en donde se encuentran las oficinas de policía
arrestar prender

el oficial officer
el indicio clue
las esposas handcuffs
esposar to handcuff
las huellas tracks, traces
las huellas digitales fingerprints
el hampa underworld

el revólver
el arresto
aprehender
el (la) detective
el inspector
el fraude
el homicidio
la motocicleta, la «moto»

Ejercicios de vocabulario

I Complete cada oración con la forma apropiada de una palabra de la lista.

patrullar
comisaría
arrestar
hampa
motocicleta
asesino
esposar
huellas digitales
fraude
revólver

1 El policía no ______________ al automovilista por haber corrido tanto, pero con seguridad le va a multar.
2 El sargento tenía un ______________ escondido junto a su pecho debajo de la chaqueta.
3 Por las noches en esa cantina se congregaba el ______________ para planear el próximo golpe.
4 Los detectives están sorprendidos porque no encontraron ______________ en ninguna parte de la escena del crimen.
5 La policía ha aumentado el número de autos que ______________ la vecindad. Ha habido muchos robos en los últimos meses.
6 En esa novela policíaca de Agatha Christie, no se sabe quién es el ______________ hasta la última página.
7 Al banquero le han acusado de ______________ en la venta de acciones no existentes.
8 Hay policías que andan a pie, a caballo, en carros de patrulla y en ______________.
9 Llevaron al sospechoso a la ______________ para investigar por qué estaba presente cuando ocurrió el robo.
10 Los policías ______________ al criminal para llevarlo a otra cárcel. Sólo el jefe tenía la llave para abrirlas.

NARRATIVA La policía

Dentro de los servicios públicos de cualquier ciudad moderna, uno de los indispensables para la seguridad y el bienestar social de la ciudadanía de la metrópoli es la policía. Sin la presencia de una organización de control, la estructura social desciende hasta un nivel de anarquía y caos, según revela un vistazo a la historia de momentos o períodos—en distintos lugares—en que la policía ha dejado de ejercer su autoridad. Hoy en día, el verdadero carácter de la policía no tiene tanto que ver ni con la imagen de una fuerza de excesivo poder de represión ni con la idea romántica proyectada por las series de la televisión norteamericana; se encuentra más bien en la multitud de funciones dentro de la organización.

Como es de esperar, la estructura de la policía varía según las condiciones y el tamaño del lugar. En una ciudad mediana de los Estados Unidos, la policía se divide típicamente en tres grupos principales: la División de Patrulla, la División de Detectives y la División de Tránsito. Dentro de cada uno de estos grupos, el trabajo de los miembros es muy diferente; cada división se responsabiliza por una parte de la labor que en su totalidad compone el servicio policíaco.

disfrazar to disguise

desarmar disarm

amaestrado trained

La División de Patrulla controla todas las actividades relacionadas con la vigilancia y la protección de la metrópoli. La mayoría de los oficiales en esta sección llevan uniforme; no hay motivo para disfrazar su oficio. En muchos casos la mera presencia de un policía, a pie o en carro de patrulla, es suficiente no sólo para controlar un posible crimen sino para impedirlo o evitarlo por completo. Esta división también cuenta con la ayuda de varias unidades cuyo trabajo es más específico, y algunas veces más peligroso, que el de la patrulla general. Incluye, por ejemplo, la unidad que se encarga de desarmar bombas u otros aparatos antes de que estallen, la unidad submarina que se ocupa de accidentes o crímenes relacionados con el agua, la unidad canina que trabaja con los perros amaestrados, generalmente de raza pastor alemán o Doberman y la unidad aérea que cuenta con helicópteros que a vista de pájaro vigilan las vecindades. Además de la División de Patrulla está la administración de policía que se compone del Buró de Despachos y Comunicaciones, la Academia para entrenar a los nuevos policías y la División de Relaciones con la Comunidad. Ésta es considerada como una de las ramas más importantes de la labor policíaca porque se dedica a averiguar los deseos, las necesidades y los problemas del pueblo, y muchas veces esto exige contacto con los grupos minoritarios y sus situaciones particulares.

ropa de civil civilian clothing

extraviado missing

La División de Detectives se distingue de la anterior en que casi todos sus miembros trabajan en ropa de civil y autos particulares. Se compone de las siguientes unidades: fraudes, robos de autos, narcóticos, crímenes sexuales, personas extraviadas, homicidio, laboratorio criminal, laboratorio fotográfico y la de investigaciones secretas. La unidad de investigaciones secretas es también una de las ramas vitales en la organización de la policía porque se trata de la actividad secreta y confidencial, algunas veces por agentes secretos, contra el hampa y el crimen organizado.

si bien although, even though

Finalmente está la División de Tránsito, tal vez la más conocida por los ciudadanos—especialmente por los automovilistas. Los policías de esta división llevan uniforme, trabajan en las calles y frecuentemente en las carreteras. Controlan el tráfico en las esquinas, vigilan y controlan el estacionamiento dando multas a los infractores, e investigan los accidentes. Su trabajo es indispensable, si bien irritante a veces para el que ha ido en contra de la ley.

Con esta división de trabajo, tanto práctico como técnico y científico, el carácter de la policía no es lo que era hace algunos años. Se exige más preparación y se espera más sofisticación de parte de los miembros de la fuerza policíaca para responder, en lo posible, a las necesidades individuales de los múltiples grupos que componen la sociedad en general y también para responder a las exigencias cada vez más variables de la sociedad actual.

Preguntas

1 ¿Qué ha pasado en la historia cuando la autoridad de la policía se ha dejado de sentir?
2 ¿De qué factores depende la estructura de la policía en los pueblos y ciudades?
3 ¿De qué función se encarga la División de Patrulla de la policía?
4 ¿Cómo se visten los policías que trabajan en esta división?

5 ¿Por qué es peligroso el trabajo de varias de las unidades incluidas en la División de Patrulla?
6 ¿Cuál es la función de la División de Relaciones con la Comunidad? ¿Por qué es importante?
7 ¿Cuál es una de las mayores diferencias entre los policías de la División de Detectives y la División de Patrulla?
8 ¿Por qué es notable el trabajo de la unidad de investigaciones secretas?
9 ¿Cuál es la responsabilidad de la División de Tránsito?
10 ¿En qué sentido ha cambiado el carácter de la policía en los últimos años?

Expansión de vocabulario

I Conteste si la oración es verdadera o falsa. Si es falsa, cámbiela por una verdadera.

1 Un objetivo importante de la policía es el de mantener intacta la tranquilidad de la sociedad.
2 El trabajo de los miembros de las distintas divisiones de la policía es más o menos el mismo.
3 La presencia de la policía, vista o simplemente sentida y reconocida, tiene muy poco que ver con la prevención de crímenes.
4 La unidad canina de la policía trabaja, en la mayoría de los casos, con los accidentes relacionados con el agua.
5 Los agentes secretos de la policía casi siempre trabajan en ropa de civil para no revelar su oficio.

II Reemplace las palabras en letra negra con un sinónimo o una expresión parecida.

1 **La población** del estado es mitad alemana y mitad francesa.
2 Buenos Aires es una de las **ciudades** más grandes del mundo.
3 **Como es lógico,** los inspectores trataron de encontrar las huellas del ladrón que se escapó por el jardín.
4 ¿Quién **es responsable por** asegurar que este trabajo se realice?
5 Esta división **incluye** ramas muy variadas del trabajo total.
6 **La mayor parte** de los policías trabajan en la División de Tránsito.
7 La bomba **ha reventado.**
8 **Enseñan** al perro a ladrar cuando alguien se acerca.
9 La **autopista** de aquí a la frontera es vigilada constantemente por muchas patrullas.
10 **Los requerimientos** de este empleo son muy fuertes.

Discusión de la fotografía

1 ¿Para qué sirve el reflector que está sobre el tablero?
2 ¿Qué partes del interior del carro se ven en la fotografía?
3 ¿Para qué servirá el cuaderno del policía que está sentado a la derecha?

Posibilidades

1 Imagine una conversación entre los dos policías sobre su ciudad, su trabajo en la policía y alguna experiencia reciente.
2 Asumiendo el papel de uno de estos policías, invente un diálogo con su compañero al recibir una llamada de emergencia en la radio de onda corta y al llegar a la escena del suceso.

Discusión de la fotografía

1. ¿Para qué habría servido la caja fuerte anteriormente?
2. ¿Cómo se sabe que ha habido un robo?
3. ¿Para qué se habrá usado la herramienta que el policía tiene en la mano?

Posibilidades

1. Como si Ud. fuera el hombre o el policía, invente una conversación entre los dos mientras inspeccionan la escena del crimen.
2. Imagine una charla entre este policía y otros policías sobre los detalles de este crimen u otros que hayan visto.
3. Suponiendo que este crimen hubiera sido ejecutado por dos ladrones, invente su conversación durante el robo.

Para la discusión oral

1 ¿Piensa Ud. que la imagen de la policía proyectada en los programas de televisión es un reflejo verdadero de su trabajo? Comente sobre varios programas que Ud. haya visto y explique por qué cree que son o no son verosímiles.

2 Describa la función de las siguientes unidades u oficinas de la policía y, si es posible, invente un caso hipotético para su atención:
   - **a** la submarina
   - **b** la aérea
   - **c** la Academia
   - **d** la de Relaciones con la Comunidad
   - **e** la del fraude
   - **f** la del robo de autos
   - **g** la de los narcóticos
   - **h** la del homicidio
   - **i** el laboratorio criminal
   - **j** el laboratorio fotográfico
   - **k** la del auxilio de emergencia médica

3 Describa el trabajo de un policía que trabaja en la esquina del centro de una ciudad grande.

4 ¿Lo han multado a Ud. alguna vez por una infracción de tránsito? ¿Qué pasó?

Temas de composición

1 Escriba un ensayo breve sobre las relaciones de la policía con la comunidad en general—los jóvenes, las minorías, etc.—en su pueblo o ciudad.

2 ¿Es Ud. aficionado a las películas o a las novelas o cuentos policíacos? Si su respuesta es afirmativa, describa la trama de su película o novela favorita.

3 Una de las mayores preocupaciones de la policía moderna es la imagen que la sociedad tiene de su presencia y trabajo. En un ensayo describa lo que Ud. considera la causa de esta preocupación y lo que Ud. opina de la policía en general.

4 Escriba un cuento policíaco.

CAPÍTULO 14
LOS BOMBEROS

VOCABULARIO ÚTIL

la compañía, el cuerpo de bomberos grupo dedicado a apagar incendios

la bomba de incendios, el camión de bomberos camión para llevar a los bomberos

la escalera de salvamento, escalera de emergencia peldaños, generalmente pegados a la fachada de un edificio, para bajar en caso de una emergencia

la escalera de mano escalera portátil que se apoya contra una pared

la manguera tubo flexible para regar o dirigir el agua u otro líquido extinguidor en contra del fuego

quemar consumir, destruir con fuego

abrasar quemar

encender(se) prender fuego, empezar a quemar algo

arder estar encendido, quemar violentamente

incendiar(se) arder contra o sin nuestra voluntad

poner fuego a quemar algo a propósito

la chispa partícula inflamada que salta de la lumbre; «spark»

chispear echar chispas

la llama energía visible del fuego; «flame»

llamear echar llamas, flamear

el humo producto gaseoso de la combustión; «smoke»

humear echar, arrojar humo

la ceniza polvo gris que queda como residuo de la combustión
el fuego cualquier especie de lumbre
Hay que tomar precauciones contra el fuego.
Necesito fuego para encender el cigarrillo.
el incendio fuego grande
la hoguera fuego de hojas, ramas, papeles; «bonfire»
el delito de incendios el arsonismo

el extinguidor, el matafuegos fire extinguisher
la toma, la boca de agua fireplug
refractario al fuego fire resistant
incombustible fireproof
la red net

la alarma
la falsa alarma
la víctima
la inflamación
el gas
extinguir

Ejercicios de vocabulario

I Complete cada oración con la forma apropiada de una palabra de la lista.

bombero
manguera
chispa
hoguera
camión de bomberos
escalera de salvamento
incombustible
alarma
humear
matafuegos

1 De la ______________ sale el agua que apaga el fuego.
2 La ropa para niños debe ser ______________. Desgraciadamente, con frecuencia no lo es.
3 Hay una ______________ para llamar a los bomberos en cada piso.
4 Tenemos que llamar a los ______________. No podemos apagar el fuego nosotros mismos.
5 El incendio fue causado por una pequeña ______________ que saltó del cordón eléctrico.
6 Los ______________ son por lo general de un color rojo muy vivo y siempre tienen sirena.
7 Aunque ya está apagado el fuego, fue tan intenso que el edificio todavía está ______________.
8 Antes de pasar la noche en un hotel, es aconsejable notar donde está la ______________.
9 Con las nuevas leyes contra la contaminación del aire, las ______________ se ven con menos frecuencia.
10 Los ______________ de uso doméstico contienen una sustancia química para apagar el fuego.

DIÁLOGO El incendio

En la esquina de la Avenida Mariposa con la Calle Sepúlveda, se ha producido una escena de emergencia. Hay tantas mangueras en el suelo que en conjunto se asemejan a una telaraña. Hay vehículos de rescate con las luces rojas encendidas, bomberos y policías por todas partes, y por detrás, formando un semicírculo, se ven las caras curiosas de los vecinos que han presenciado el incendio. En este momento, el locutor de una emisora de televisión da una entrevista a un señor que todavía está muy emocionado sobre lo que sucedió.

telaraña spider web
rescate rescue
haber presenciado haber visto

Locutor Ud. fue el primero en dar la alarma, ¿verdad?
El señor Sí, así fue. Estaba yo paseando a mi perro cuando me fijé en que había un hilo de humo saliendo de una ventana del tercer piso. Se podía ver por el resplandor tan rojo que adentro había fuego. Di la alarma y los bomberos llegaron en el acto.
Locutor Dicen que el edificio tenía cuatro apartamentos pero parece que todos estaban vacíos excepto uno.
El señor Sí, el que está abajo del que se incendió estaba habitado cuando se descubrió el fuego. Creo que tres personas salieron ilesas por la escalera de salvamento. No creo que se haya quemado ese piso, pero tiene que haber habido daños por el agua.
Locutor Gracias, señor. *(dando cara a la cámara)* Vamos a ver si hay otros testigos . . .

en el acto inmediatamente
ileso bien; no herido

Preguntas

1 Describa la escena del incendio.
2 ¿En qué se fijó el señor que le hizo correr a dar la alarma?
3 ¿Cuándo llegaron los bomberos?
4 ¿Había gente en todos los apartamentos?
5 ¿Cuál ha sido el efecto del incendio en el apartamento de abajo?

LECTURA Plan de ejercicios para prevenir fuegos en el hogar

No importa si uno está en la escuela, en un barco o en casa; es recomendable tener algún plan de acción en caso de que se presente la emergencia de un incendio. Hay compañías de bomberos que publican folletos de recomendaciones e instrucciones sobre lo que debe hacerse para prevenir fuegos. Abajo sigue una porción de tal folleto, publicado en español para el pueblo hispanoparlante.

El jefe de familia es también el encargado de prevenir los incendios en el hogar. Tiene la responsabilidad de sentarse con los otros de la familia y trazar un plan de salida en caso de emergencia, tomando en cuenta todos los cuartos de la casa. Especialmente debe practicar cómo salir de los dormitorios. Es necesario practicar la salida desde todas las habitaciones en caso de que sea imposible salir por la puerta principal. Aunque es bueno usar las rutas normales de escape si es posible, se debe ensayar[1] la salida de los dormitorios sin usar las escaleras debido a que el humo y la sofocación impiden su uso en la mayoría de las ocasiones.

Recuerde cerrar las puertas porque de lo contrario la corriente de aire que provocan las puertas abiertas encenderá más la llama del fuego.

Practique los ejercicios por las noches manteniendo todas las luces apagadas. ¿Tiene usted algún problema al seguir las rutas de escape? ¿Estarían los niños a salvo[2] sin miedo de caerse o recibir golpes? ¿Tiene en su casa alguna linterna[3] en caso de que la luz eléctrica falle? ¿Tiene usted algún medio de avisarle a su familia que hay fuego en el hogar, algo así como un pito[4] de los que usan los policías?

[1] **ensayar** practicar [2] **a salvo** seguro [3] **linterna** flashlight
[4] **pito** whistle

Preguntas

1. ¿Quién en la familia debe pensar en un plan de escape en caso de fuego?
2. ¿Qué cuartos de la casa son los más importantes en el plan de escape?
3. ¿Por qué es importante practicar la salida desde todas las habitaciones?
4. ¿Por qué debe haber un plan de escape sin usar las escaleras?
5. ¿Por qué deben cerrarse las puertas?
6. ¿Cuándo deben practicarse los ejercicios? ¿Por qué?
7. ¿Cuáles son los problemas particulares de los niños en caso de fuego?
8. ¿Por qué debe haber una linterna al alcance de un miembro de la familia?
9. ¿Cómo se puede avisar a la familia que hay un incendio?
10. ¿Por qué debe practicarse el plan de escape?

Expansión de vocabulario

I Estudie detenidamente la lista siguiente. Las palabras que aparecen en letra negra están indicadas en la lectura anterior.

	Adjetivo	*Sustantivo*	*Verbo*	*Adverbio*
1	encargado	**encargado**[1]	encargar	
2	prevenido	prevención	**prevenir**	prevenidamente
3		trazo	**trazar**	
4	escapado	**escape**	escapar	
5	humeante	**humo**	humear	
6	provocador	provocación	**provocar**	
7	llameante	**llama**	llamear	
8	**apagado**	apagamiento	apagar	apagadamente
9	caído	caída	**caerse**	
10		falla	**fallar**	

[1] **encargado** persona responsable; **encargo** responsabilidad

II Complete cada oración con la forma apropiada de la palabra en letra negra.

1 **encargado** El jefe de los bomberos dio instrucciones al teniente ________________ de subir la escalera. Luego le ayudó a ponerse la careta antigás para protegerse del humo.
2 **trazar** El niño ________________ los dibujos en su cuaderno.
3 **escape** Hay un ________________ de emergencia en todos los aviones. Generalmente está encima de las alas.
4 **humo** ¡No toques esas cenizas! Todavía están ________________.
5 **provocar** La torta de miel está riquísima; ¿no te ________________ probarla?
6 **llama** Debido al calor intenso y las ________________, los bomberos no se atrevieron a entrar. Echaban agua desde afuera.
7 **apagado** Pudieron ________________ el incendio en media hora.
8 **fallar** Hay otro aparato de repuesto para matar el fuego en caso de que éste ________________.

III Complete cada oración con la forma apropiada de una palabra de la lista.

tomar en cuenta
de lo contrario
a salvo
linterna
pito

1 Todas las personas que estaban atrapadas en el incendio están ya ________________. Fueron rescatadas por los bomberos.

2 Al planear un plan de escape, hay muchos factores que uno debe
_______________.

3 El vecino usa un _______________ para llamar a su perro.

4 El cordón eléctrico debe estar cubierto de un material incombustible; _______________ puede causar problemas.

5 En caso de que no haya electricidad, tenemos velas y una _______________.

Discusión de la fotografía

1 ¿Qué indica que éste es un incendio muy grave?

2 ¿Cuáles son los aparatos y el equipo que se están usando para combatir el fuego?

3 ¿Por qué habrá subido uno de los bomberos la escalera apoyada contra el edificio?

4 ¿Cómo se diferencia el policía de la fotografía de la mayoría de los policías que trabajan en las ciudades?

5 En caso de incendio, ¿cómo podría salvarse la gente del edificio de la derecha de la fotografía?

Posibilidades

1 Como si Ud. fuera uno de los circunstantes agrupados en la esquina derecha inferior de la fotografía, entable una conversación con otra persona sobre el incendio, lo que ha pasado y lo que está sucediendo ahora.
2 Imagine un diálogo entre el jefe de los bomberos y otros bomberos en este momento tan emocionante y peligroso.
3 Invente una conversación por walkie-talkie entre el policía que está montado a caballo y otros policías sobre el incendio, la muchedumbre y los acontecimientos.

Para la discusión oral

1 ¿Ha presenciado Ud. un incendio? ¿Qué pasó?
2 El problema de las falsas alarmas es una preocupación muy grave para los bomberos. ¿Por qué?
3 En el contexto de este capítulo, ¿cómo explica Ud. el proverbio español: «Más vale prevenir que lamentar»?

Temas de composición

1 En la escena de casi cualquier emergencia, suele reunirse un grupo de circunstantes para mirar lo que sucede. ¿Por qué? ¿Piensa Ud. que esta curiosidad mórbida tiene su raíz en lo hondo de la psicología humana?
2 ¿Cuáles son algunos de los medios más comunes de prevenir fuegos en el hogar?
3 En algunos lugares existen estaciones de bomberos voluntarios. Estos grupos refuerzan el sentido de comunidad, y casi siempre la comunidad se enorgullece de ellos. Como si Ud. fuera el alcalde de la ciudad, escriba una carta de agradecimiento a los bomberos voluntarios por su trabajo altruista de todo el año.

CAPÍTULO 15
LOS NEGOCIOS

VOCABULARIO ÚTIL

el comercio tráfico, negocio, tienda; «commerce», «trade», «business»
comerciar negociar comprando y vendiendo
el (la) comerciante persona que comercia o que se dedica al comercio
el (la) mercader(a) comerciante o vendedor
el empleo posición o trabajo
el oficio ocupación habitual
el (la) propietario(a) dueño de un negocio
la contabilidad administración de las cuentas de acreedores y deudores
el (la) contador(a) persona que se encarga de la contabilidad; «accountant»
el (la) tenedor(a) de libros persona que trabaja con las cuentas; «bookkeeper»
el (la) oficinista persona que trabaja en una oficina
la mecanografía trabajo referente a la máquina de escribir
el (la) mecanógrafo(a) persona que escribe a máquina
la taquigrafía arte de escribir con la misma velocidad que la voz dicta; «shorthand»
el (la) taquígrafo(a) el que sabe la taquigrafía
quebrar fracasar una empresa, perder todo el dinero
la quiebra, la bancarrota fracaso y(o) pérdida de dinero
en quiebra estado de bancarrota
el seguro lo que se compra para protegerse contra la pérdida o avería
la póliza de seguro documento de seguro; «insurance policy»

la prima cantidad que se paga por el seguro
la ganancia (dinero) que se ha ganado
la(s) pérdida(s) (dinero) que se ha perdido
las mercancías, la mercadería merchandise

la junta directiva board of directors
la bolsa stock market
el (la) corredor(a) de bolsa stockbroker
las acciones stocks
el (la) accionista stockholder
la cotización (stock) quotation
invertir to invest
la inversión investment
el (la) inversionista investor
los bienes raíces real estate
la factura invoice
el impuesto tax
la nota de pedido, el pedido order
la nota de entrega, la entrega delivery notice, delivery

importar
la importación
el (la) importador(a)
exportar
la exportación
el (la) exportador(a)
la carta de crédito
el contrato
el (la) consumidor(a)
la máquina de escribir
la máquina copiadora
el capital
financiero

Ejercicios de vocabulario

I Identifique.

1 Lo que se compra para protegerse contra una posible pérdida
2 El lugar de compra y venta de acciones
3 El o la que sabe escribir a máquina
4 El trabajo que uno tiene
5 La persona que se especializa en el manejo de las cuentas

II Complete cada oración con la forma apropiada de una palabra de la lista.

quebrar	invertir
acciones	consumidor
máquina copiadora	escribir a máquina, mecanografiar
bienes raíces	impuesto
contrato	prima

1 Le va a costar mucho tiempo sacar otra copia a mano. ¿Por qué no usa Ud. la ________________?
2 La compañía quiere observar la reacción de los ________________ en esta zona antes de vender el producto en todo el país.
3 El ________________ fue firmado por todos los agentes.

4 Ese negocio ya no existe; ________________ el mes pasado con tremendas pérdidas, desgraciadamente.
5 Para servir al público en la compra y venta de terrenos y otras clases de ________________, hay que tener una licencia especial.
6 Se ha añadido un ________________ de cinco por ciento para costear la construcción del nuevo puente.
7 En su tiempo libre, se puso a estudiar los altibajos de sus ________________ en la bolsa.
8 Antes de ________________ dinero en cualquier compañía, uno debe investigar la organización.
9 Puedo ________________ unas cincuenta palabras por minuto.
10 Después del accidente, le subieron la ________________ de seguro de automóvil.

III Conteste si la oración es verdadera o falsa. Si es falsa, cámbiela por una verdadera.

1 Las ganancias sorprendentes son una buena indicación de malos tiempos en los negocios.
2 La nota de pedido es lo que se manda cuando se quiere comprar algo.
3 La factura es una noticia del envío de mercancía.
4 Los accionistas son los que venden y compran en las tiendas.
5 El comercio internacional es el negocio entre provincias del mismo país.

DIÁLOGO Los negocios

sociedad partnership

En la compañía importadora de vinos españoles, sociedad de Juana Ortega y Julián Cabrera, se acaba de recibir una carta que lee la Srta. Ortega.

Srta. Ortega Dice lo siguiente:
Muy señores nuestros:

adjunto enclosed
conocimiento bill of lading

Nos es grato comunicar a Uds. que han quedado embarcadas, junto con el envío de 5.000 botellas de vino marca Greco, las 400 botellas de vino marca Granada que se sirvieron pedirnos. La fecha de embarque es el 7 de octubre; el envío va por el vapor *Limus.* Adjuntos remitimos el conocimiento, la factura y otros papeles relativos al cargamento.

Según lo estipulado por Uds., incluimos también una factura aparte para el vino Granada. Agradeceremos pago por cheque o giro de acuerdo con la cotización de nuestra moneda fijada por el Banco de Londres el día 2 de octubre.

Quedamos en espera de sus órdenes y nos repetimos sus atentos servidores.

Sres. González e Hijos
Exportadores de Licores
Madrid

Sr. Cabrera Bueno . . . y ahora ¿qué? Si se recibió el cargamento de 5.000 botellas pero no el de 400 . . . ¿qué fecha lleva la carta de ellos?

Srta. Ortega Día 5 de octubre.

Sr. Cabrera ¿Y qué día se efectuó el pago?

Srta. Ortega El día 10 del mismo. Se cobró el 15, ayer, según el banco.

cobrar to cash

Sr. Cabrera Pues, sabemos bien que son formales ellos; después de ocho años de comercio, no se arriesga la confianza. Habrá habido un robo a bordo o en la aduana, o hubo error el día de embarque. Lo peor es que el vino que se extravió es el de alta calidad y el más costoso . . . destinado para el consumo en los restaurantes. Pues, hay que empezar notificando a la aduana, a los González y a la compañía de seguros. Como se trata de tanto dinero, ¿por qué no llama a España por teléfono? Nos llevan cinco horas—ahora son las cuatro allá. ¿Ud. quiere llamar? Entre tanto, voy a hablar con las autoridades del puerto y con la aduana.

formal responsable

aduana customs

Nos . . . horas They are five hours ahead of us

Srta. Ortega Bien . . . de acuerdo.

(Después)

Sr. Cabrera ¿Se supo algo?

Srta. Ortega No, desgraciadamente. Parece que es día feriado en España, según me informó la telefonista en Madrid, y todos los negocios están cerrados hasta mañana. Menos mal que pedí la llamada de persona a persona. No nos la cobrarán.

Sr. Cabrera Pues, yo tuve más suerte. Hablé con un oficial de la aduana que lleva el registro de los cargamentos recibidos en el muelle donde se descargó el *Limus*, y revisó sus apuntes del día 14, es decir, anteayer cuando llegó el vapor. Pudo encontrar nuestros papeles fácilmente porque las cajas estaban entre las primeras mercancías que se descargaron. Dice que fueron trasladadas muy poco después a un depósito temporal, donde iban a

llevar el registro to keep the records

muelle pier

almacén warehouse
capataz supervisor
flete freight

quedar hasta hoy cuando se tendría que hacer el traslado a nuestro almacén. Le dije que nos había llamado el capataz del almacén hace un par de horas para informarnos de la falta de una parte del flete.

Srta. Ortega Bueno, si tienen la prueba oficial de que se descargó el cargamento entero y que fue trasladado al depósito, es allí donde se produjo la desaparición entre anteayer y esta mañana.

Sr. Cabrera Sí. Ojalá se trate de algún error en el depósito y no de un robo, pero mucho me temo que sea eso mismo. Ya llamé a la policía de la aduana y ahora mismo acabo de notificar a la compañía de seguros.

Srta. Ortega El seguro cubre casi el total del valor de la pérdida si recuerdo bien, ¿verdad? Siempre lo hemos comprado así.

Sr. Cabrera Sí, casi . . . pero sólo casi. En fin, está todo fuera de nuestro control por ahora, porque tanto la policía como la compañía de seguros harán su propia investigación. Ah . . . lo peor es la espera . . . y el hecho de que nuestros clientes dependen de nosotros. ¿Sabe Ud. si el surtido ya existente del vino Granada alcanza hasta que llegue otro embarque?

Srta. Ortega Tal vez . . . pero apenas. En todo caso, mañana llamaré a Madrid otra vez y voy a pedir que llenen el mismo pedido de nuevo. Aunque pudiera pasar que de pronto encontraran las cajas en algún rincón olvidado y que no haya sido más que una negligencia.

Sr. Cabrera Sí, pero lo dudo.

Preguntas

1 ¿En qué se especializa el negocio de la Srta. Ortega y el Sr. Cabrera?
2 Aparte del anuncio del embarque, ¿qué más se incluyó en la carta de los González?
3 ¿Cuáles fueron las instrucciones expresadas en la carta sobre el modo de pago?

4 ¿Por qué están preocupados los socios?
5 ¿Por qué duda el Sr. Cabrera de que la compañía en Madrid tenga algo que ver con el caso?
6 ¿Por qué es la pérdida del vino marca Granada más grave que la de marca Greco?
7 ¿Cómo calculan la diferencia de hora entre el lugar donde están y Madrid?
8 ¿Qué información le da el oficial de la aduana al Sr. Cabrera?
9 ¿Qué van a hacer la policía y la compañía de seguros?
10 ¿Qué piensa Ud. que habrá pasado con el vino? ¿Cómo sucedió?

Expansión de vocabulario

I Reemplace las palabras en letra negra con la forma apropiada de un sinónimo o una expresión parecida.

ser grato	error
marca	trasladar
llevar	notificar
formal	de pronto
confianza	negligencia

1 La carta empieza: «Nos **es un placer** poder informarles que hemos aceptado su oferta de venta. . . .»
2 Ha habido **una equivocación** en el total. Vamos a usar la sumadora para calcular otra vez.
3 ¿Qué fecha **tiene** la correspondencia de la sucursal?
4 Ud. debe **informar** su compañía de seguros de la desaparición misteriosa de las joyas.
5 La compañía ha comprado una nueva máquina copiadora de **fabricación** muy conocida.
6 **Súbitamente** hubo un cambio en las relaciones comerciales. Nadie lo entendió.
7 El jefe del departamento tiene mucha **fe** en los empleados que trabajan para él.
8 Estos bultos deben ser **transportados** a otro almacén cuanto antes.
9 **El descuido** del oficinista fue imperdonable. Lo despidieron.
10 Es una empresa muy **responsable.** Uno puede creer su propaganda al pie de la letra.

Discusión de la fotografía

1. ¿Qué evidencia hay de que ésta es una oficina muy moderna?
2. ¿Por qué se supone que el hombre que está en primer término es un empleado muy organizado?
3. ¿Cuál es la función de este departamento?
4. ¿Qué estará haciendo el señor que está al otro lado del mostrador?

Posibilidades

1 Imagine una conversación entre las dos mujeres sobre la oficina, el trabajo y otras cosas.
2 Invente una conversación entre el hombre que habla por teléfono y la otra persona con quien habla.
3 Piense en un diálogo entre el señor que habla por teléfono y la mujer que trabaja en el otro escritorio sobre los negocios y otras cosas.

Para la discusión oral

1 Explique en qué consiste el trabajo de los siguientes oficios.

a	contador	g	especialista de publicidad
b	agente viajero	h	aduanero
c	taquígrafo	i	tendero
d	gerente	j	fabricante
e	corredor de bolsa	k	mensajero
f	mecanógrafo	l	cajero

2 Si Ud. ha trabajado en una oficina, describa la actividad de un día típico. Si no conoce personalmente el trabajo de cualquier oficina, invéntelo.
3 Si Ud. escogiera alguna rama del mundo comercial para una carrera, ¿cuál escogería? ¿Por qué?
4 ¿Cuál es su opinión sobre el papel de la mujer en el mundo de los negocios? ¿Cómo funciona un departamento comercial cuya gerente es una mujer? ¿Es cierto que el puesto de secretaria es desempeñado con más eficiencia por una mujer, o se trata sólo de una tradición?

Temas de composición

1 Escriba una carta comercial a la compañía de seguros mencionada en el diálogo, informándola de la situación.
2 Escriba la contestación de la compañía de seguros después de haber terminado la investigación.
3 En los últimos años, se ha hablado mucho de la responsabilidad social de las grandes compañías. ¿Qué entiende Ud. por esta responsabilidad? ¿Cómo debe—o puede—una empresa grande demostrar una preocupación social?
4 Para muchos, triunfar en el mundo de los negocios es triunfar en la vida. ¿Qué cree Ud.? ¿Cree que ese triunfo se debe a la suerte, a la capacidad de trabajo de la persona o a su personalidad?

CAPÍTULO 16
EL HOSPITAL

VOCABULARIO ÚTIL

la radiografía fotografía por medio de los rayos X
el (la) radiólogo(a) persona que saca la radiografía
la cirugía operación; rama de la medicina que se especializa en las operaciones
el (la) cirujano(a) médico que ejecuta la operación
el quirófano sala de operaciones
el (la) enfermero(a) persona instruida en la medicina que ayuda a cuidar a los enfermos
la cicatriz señal que queda después de curada una herida; «scar»
ingresar entrar en el hospital
dar de alta despedir al paciente del hospital
desmayar(se) perder la conciencia
la silla de ruedas silla para trasladar a los enfermos o convalecientes
el historial clínico historia del estado de salud del paciente
la receta prescripción de un medicamento
recetar dar una receta
el tratamiento proceso para curar una enfermedad
operar ejecutar una operación
sangrar salir sangre
Me sangra la nariz.
doler sufrir, padecer
Me duele la cabeza.
ponerle a uno una inyección darle a uno una inyección
en ayunas sin haber comido

empeorarse to get worse
mejorarse to get better
las glándulas glands
los pulmones lungs
los riñones kidneys
la vesícula biliar gall bladder
el hígado liver
el hueso bone
las amígdalas tonsils
hinchar(se) to swell
la hinchazón swelling
la palpitación heartbeat
el calmante pain killer
el sedante sedative
la píldora pill
la pastilla tablet
la presión (tensión) arterial blood pressure
la aguja needle
la jeringa syringe
el vendaje dressing
la venda (large) bandage
la curita Band-Aid
alimentar por vía intravenosa to feed intravenously
las muletas crutches
torcer to twist, sprain
la torcedura sprain
enyesar to place in a cast
la herida wound, incision
la llaga, úlcera sore, ulcer
estornudar to sneeze
la comezón itch

Enfermedades y dolencias

el catarro, el resfriado cold
la gripe flu
la tos cough
toser to cough
la quemadura burn
la fiebre, la calentura fever
el coágulo clot
la pulmonía pneumonia
la erupción rash
el sarampión measles
la amigdalitis tonsillitis

tomarle a uno el pulso
el diagnóstico
los signos vitales
la infección
infectar(se)
la fractura
el tumor
el cáncer
la enfermedad contagiosa
ser alérgico(a)
la transfusión de sangre
la anestesia
anestesiar
la úlcera
la alergia
el laboratorio
el oxígeno
el estetoscopio
convalecer
convaleciente
la diabetes
la diarrea

Ejercicios de vocabulario

I Conteste si la oración es verdadera o falsa. Si es falsa, cámbiela por una verdadera.

1. La diabetes es una enfermedad que resulta de heridas en los deportes.
2. Si uno sufre de una enfermedad contagiosa, es posible que tenga que estar aislado de otras personas.

3 Los pulmones son los órganos que funcionan en la digestión de la comida.
4 Si uno está lo suficientemente curado de una enfermedad, debe ingresar al hospital.
5 Durante la anestesia, el sueño es tan profundo que uno no siente absolutamente nada.

II Complete cada oración con la forma apropiada de una palabra de la lista.

radiografía	calmante
cirujano	hinchar
desmayarse	presión arterial
silla de ruedas	oxígeno
operarle	gripe

1 El espectador_______________ por haber pasado tanto tiempo en el sol, pero volvió en sí casi inmediatamente.
2 Le han recetado una dieta escasa en sal debido a su_______________ alta.
3 Parece que cada invierno, año tras año, hay muchísimos que se enferman de la _______________ .
4 El _______________ lo va a operar del apéndice.
5 El médico pidió la consulta de un especialista para interpretar la _______________ ; se veía un área oscura muy sospechosa en el pulmón izquierdo.
6 El tanque de _______________ tiene lo suficiente como para dos horas.
7 Al fracturarse la pierna, no podía caminar por unas semanas. Tuvo que contentarse con andar en una _______________ .
8 Después de la operación, el cirujano recomendó un _______________ para aminorar los dolores.
9 Se me ha _______________ el brazo por el golpe de la pelota que recibí esta mañana.
10 El médico decidió que era necesario _______________ al paciente del corazón tan pronto como fuera posible para salvarle la vida.

III De la lista B, escoja el mejor complemento a la primera parte de la oración en la lista A.

	A		B
1	Se le quebró	1	deben ser guardadas fuera del alcance de los niños.
2	Las píldoras y las pastillas	2	las palpitaciones del herido.
3	Las curitas	3	debe hacerse con mucho cuidado, pues existen varios tipos.
4	El médico trató de percibir	4	la pierna en el partido de fútbol.
5	Una transfusión de sangre	5	son más pequeñas que las vendas.

DIÁLOGO El hospital

La Sra. Márquez y la Srta. Farina, dos enfermeras de un hospital muy grande, están de turno en el mismo piso. Es de mañana.

de turno on duty

Sra. Márquez ¿Qué pasa con la paciente en el cuarto 417? Está timbrando a cada rato. ¿La has visto?

timbrar tocar el timbre

Srta. Farina Sí . . . dos veces. La primera vez tuvo que ir al baño y la ayudé. La segunda se estaba quejando de la dieta que le recetó su médico. Dice que una dieta sólo de líquidos no sirve ni para dar fuerza a un pajarito, y quería algo más.

Sra. Márquez Pobre . . . tiene razón. Vienen a las diez para llevarla a sacar radiografías, y por eso no puede comer nada. Pero . . . ha llamado de nuevo . . . ¿tú quieres ir o voy yo?

Srta. Farina Véte tú; yo ya la atendí dos veces. Tal vez tú tengas más suerte con ella.

(Un momento después)

Srta. Farina Y . . . ¿qué?

Sra. Márquez *(riéndose con compasión)* Dice que quiere hablar con su médico o con la jefa de enfermeras . . . que no tiene ni la fuerza para someterse a las radiografías. Yo le dije que se calmara . . . que vienen por ella de un momento a otro.

someterse to undergo, submit to

de . . . otro at any moment

Srta. Farina Bueno. Entre tanto, fui a ver al joven del 409. Lo operaron ayer y dice que los dolores del estómago son terribles. Le estoy preparando una inyección calmante ahora. Sabes que él me cae muy bien; es muy cortés y realmente no se queja a menos de que le duela en serio.

me cae muy bien . . . he strikes me as a nice fellow

Sra. Márquez Sí . . . de veras . . . así lo noté ayer cuando lo regresaron del quirófano. Oye, ¿qué sabes del paciente del 413? Lo admitieron durante la noche y ha estado durmiendo como un lirón. Apenas ahora se está despertando. Todavía no he visto a ningún médico con él.

dormir . . . lirón to sleep like a log

Srta. Farina Sí . . . un enfermero del turno pasado me dijo que lo descubrieron en la calle, medio desmayado e incoherente y lo trajeron en la ambulancia. En la sala de emergencia no pudieron descubrir nada, así que lo dejaron aquí. ¿Qué hace él ahora?

Sra. Márquez Murmura unos nombres o palabras que no entiendo. Le han asignado a la Dra. Tenero. Tú la conoces . . . la neuróloga. Debe llegar dentro de poco— ¡ah!

(Llega en ese instante la Dra. Tenero y pide que la acompañe una de las enfermeras.)

Srta. Farina Acompáñala tú . . . que tengo que poner esta inyección que te dije.

(En el cuarto 413)

boca abajo face down, on his stomach

Dra. Tenero Está boca abajo . . . por favor ayúdeme a voltearlo. *(Examinándole los ojos)* ¿No ha hablado esta mañana?

Sra. Márquez Sí, habla, pero no se le entiende. He entrado varias veces para tomarle la presión arterial y chequear los signos vitales. Se da cuenta de que alguien le atiende, pero parece no saber dónde está.

Dra. Tenero Señor . . . señor . . . soy la Dra. Tenero . . . por favor, cierre los ojos . . . mueva la cabeza hacia la derecha y hacia la izquierda . . . apriéteme los dedos con la mano. Dígame, ¿quién es Ud.?

Sra. Márquez Ahora no dice ni hace nada. Hace poco sí . . . estaba diciendo palabras inconexas.

Dra. Tenero Las radiografías que le sacaron anoche no revelan nada—todo absolutamente normal. Tampoco hay indicio de golpe o herida en el cráneo . . . ni una hinchazón. Mire, por favor vaya a llamar al Dr. Cervantes del Departamento de Psiquiatría a ver si puede venir de inmediato. Entre tanto, voy a continuar con un examen médico.

Sra. Márquez Sí, doctora, ya voy.

pinchar to prick, to touch

Dra. Tenero Señor . . . le voy a pinchar una de sus manos muy suavemente con la punta de este instrumento . . . cierre el puño que le estoy tocando . . .

Preguntas

1 ¿Qué hace la paciente del cuarto 417 que fastidia un poco a las enfermeras?
2 ¿Por qué se ha quejado la paciente? ¿Por qué tiene que estar en ayunas?

3 ¿Por qué está el joven del cuarto 409 en el hospital?
4 ¿Por qué ha llamado él a una enfermera?
5 ¿Qué va a hacer la Srta. Farina para ayudarle?
6 ¿Cómo pasó la noche el nuevo paciente?
7 ¿Dónde descubrieron al hombre antes de llevarlo al hospital? ¿En qué estado lo descubrieron?
8 ¿Cómo lo llevaron al hospital?
9 ¿En qué posición está el paciente cuando la Dra. Tenero entra para examinarlo?
10 ¿Qué procesos emplea la doctora para hacer responder al paciente?

Expansión de vocabulario

I Complete cada oración apropiadamente.

1 Para llamar la atención a la enfermera desde el cuarto . . .
2 Antes de sacar radiografías del estómago o del intestino . . .
3 Un paciente puede pedir una inyección calmante cuando . . .
4 Se usa la ambulancia para llevar al paciente cuando . . .
5 Si ha habido un golpe fuerte o una herida en el cráneo, generalmente la cabeza . . .

II Complete el siguiente párrafo con expresiones escogidas de la lista.

signos vitales	personal
reposo absoluto	a su disposición
quirófano	camilla rodante
medicamentos	medir
vuelto en sí	anestesia

Después de la operación, se traslada al paciente del _______________ a un cuarto especial hasta que pasa en parte el efecto de la _______________ . El paciente queda recostado en una _______________ en que más tarde se le llevará a su propio cuarto. El paciente está bien atendido, pues además del cuidado del _______________ médico, está en un cuarto que cuenta con los últimos adelantos de la ciencia médica, como aparatos especiales para _______________ los _______________ y asegurar que todo progresa normalmente. Los enfermeros y técnicos tienen _______________ casi todos los _______________ necesarios en caso de una emergencia. Después de que el paciente ha _______________, por lo menos un poco, lo llevan a su cuarto, donde pasa las primeras horas en _______________ . Sin embargo, ya para el día siguiente, lo hacen levantarse y dar unos cuantos pasos.

Discusión de la fotografía

1. ¿Para qué sirven los aparatos que hay en la pared detrás de la cama?
2. ¿Cuál es la función de la barra que hay sobre la cama?
3. ¿Qué está haciendo el médico? ¿Qué hace la enfermera?
4. ¿Parece estar cómoda la paciente que está recostada en la cama?

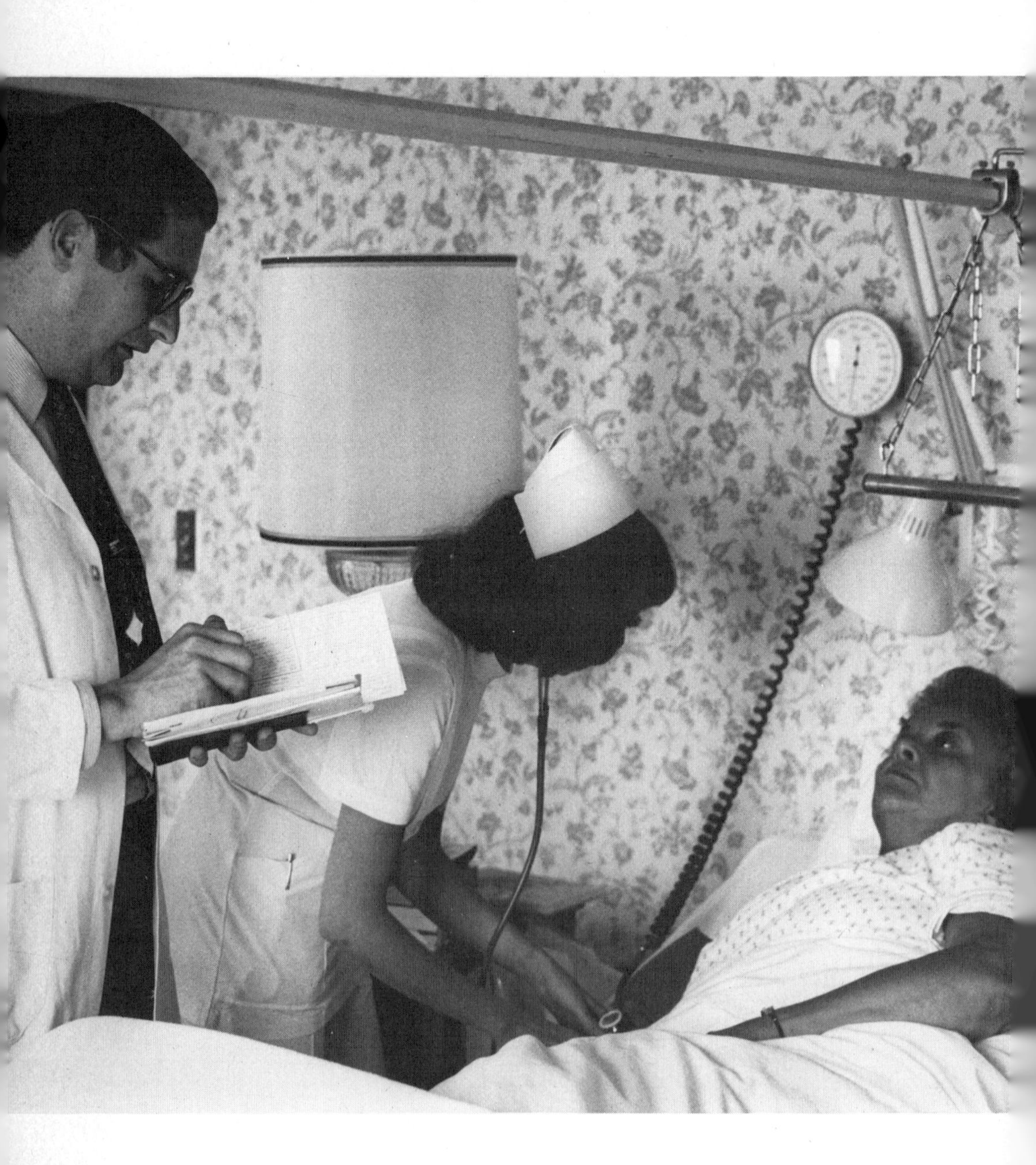

Posibilidades

1 Como si Ud. fuera la paciente, la enfermera o el médico, invente una conversación típica que corresponda a la fotografía.
2 Imagine una conversación del médico o de la enfermera con sus colegas para discutir este caso después del examen médico.
3 Tomando el punto de vista de la señora que está en cama, escriba un monólogo interior sobre sus pensamientos, su enfermedad, el hospital y sus impresiones de la enfermera y del médico después de concluido el examen médico.

Para la discusión oral

1 ¿Qué piensa Ud. que habrá pasado con el paciente de la Dra. Tenero en el diálogo?
2 Si Ud. ha sido paciente en un hospital alguna vez, cuente su experiencia.
3 ¿Le gustaría ser médico? ¿Por qué? ¿En qué rama de la medicina se especializaría?
4 ¿Qué enfermedades cree Ud. que la ciencia médica debe tratar de conquistar? ¿Por qué?
5 Describa en qué consisten los servicios de los siguientes departamentos:
a Cuidado intensivo
b Odontología
c Obstetricia
d Neurología
e Oftalmología
f Oído, nariz y garganta
g Pediatría
h Consulta externa
i Farmacia
6 Describa los síntomas de las siguientes enfermedades o dolencias:
a la gripe
b la amigdalitis
c la pulmonía
d la indigestión
e una alergia

Temas de composición

1 Prepare un historial clínico hipotético del paciente de la Dra. Tenero.
2 Hay otros países que tienen una organización médica muy diferente de la de los Estados Unidos. Inglaterra, por ejemplo, el país más citado, tiene un sistema en que el gobierno paga los gastos médicos. ¿Cuál es su opinión de la medicina socializada? ¿Cuáles son las ventajas y desventajas de este sistema? ¿Cuáles son las ventajas y desventajas del sistema de los Estados Unidos? ¿Piensa Ud. que el gobierno federal debiera costear o ayudar con los gastos médicos? ¿En qué forma?
3 La eutanasia es el acto de matar por piedad. ¿Cuál es su opinión, desde el punto de vista filosófico o religioso, sobre la práctica de la eutanasia en la medicina?

CAPÍTULO 17
LA FÁBRICA

VOCABULARIO ÚTIL

fabricar hacer una obra por medios mecánicos, construir
el (la) fabricante persona que fabrica algo
la fabricación acción y efecto de fabricar
el (la) ayudante persona que ayuda
el (la) aprendiz(a) persona que aprende un arte u oficio
el aprendizaje período de tiempo durante el cual se aprende algún arte u oficio
el (la) obrero(a), el (la) operario(a) trabajador en una fábrica o planta
el (la) jornalero(a) persona que trabaja por día
la jornada día de trabajo
el jornal lo que gana un trabajador en un día de trabajo
la artesanía trabajo, hecho con esmero, generalmente a mano; «craftsmanship»
el (la) artesano(a) persona que trabaja en la artesanía
la huelga paro de trabajo por los empleados
el (la) huelguista persona que está de huelga
el sindicato unión de trabajadores para proteger sus propios intereses y derechos
el (la) mediador(a) persona que intenta resolver diferencias entre los trabajadores y la administración
el transporte el costo del transporte de un producto
funcionar marchar, andar bien

la mano de obra manual labor, cost of having something done or repaired
las materias primas raw materials
el taller workshop, garage
la línea de montaje assembly line
el capataz superintendent, supervisor
el (la) contratista contractor
las herramientas tools
la sierra saw
el desarmador, el destornillador screwdriver
el martillo hammer
la llave de tuercas wrench
el salario wages
el sueldo salary
el personal personnel
soldar to solder, to weld
remachar to rivet

automatizar
la automatización
industrializar
la industrialización
manufacturar
la manufactura
el trabajo manual
el pistón
la válvula
la clase obrera

Ejercicios de vocabulario

I Complete cada oración con la forma apropiada de una palabra de la lista.

fabricante
aprendizaje
jornal
artesanía
transporte
mano de obra
materias primas
herramientas
industrialización
clase obrera

1 Los miembros de la familia son los ______________ de los tapetes. Es un negocio familiar.
2 Las ______________ que exporta ese país son el carbón, el cobre y el cinc.
3 Estos muebles de madera tallada reflejan el cuidado, el orgullo y la buena ______________ de los carpinteros.
4 Cuando se habla de países desarrollados, casi siempre se entiende que existe mucha ______________ .
5 En los tiempos pasados, para aprender un oficio especial se requería un ______________ largo. Ahora el entrenamiento es más rápido.
6 Los sindicatos han ayudado mucho a la ______________ .
7 Con tanta industrialización, se ve hoy en día menos ______________ .
8 El ______________ de los obreros contratados por día es bastante bajo. No son miembros de ningún sindicato.
9 Si el precio de la gasolina sube más, todo va a ser más caro, porque el ______________ de todas las mercancías resultará más costoso.
10 El martillo, el desarmador y la llave de tuercas son ______________ esenciales, aun en la casa más pequeña.

DIÁLOGO En la oficina administrativa de la fábrica

turno diurno day shift
estallar to break out

El Sr. Quintana, gerente de la fábrica, habla con el Sr. Rivas, capataz del turno diurno sobre una huelga espontánea que acaba de estallar.

Sr. Rivas Dicen los obreros que ya no pueden más . . . que cuando la administración les negó el aumento de salario del ocho por ciento, propusieron el siete. Que cuando no se aceptó el siete, dijeron que aceptarían el cinco o el seis, pero tampoco se llegó a un acuerdo. Entre tanto, los precios suben diariamente y no está pasando nada en las deliberaciones.

De hecho As a matter of fact

Sr. Quintana Pero, hombre . . . sí que el asunto se está deliberando. No ha habido ninguna ruptura en las reuniones entre el sindicato y la administración. De hecho ayer mismo se circuló un aviso entre todos los obreros de los tres turnos explicando que las charlas continúan.

Sr. Rivas Sí, todos lo vimos. Lo que pasa es que las deliberaciones han sido tan prolongadas que están desmoralizados.

Sr. Quintana Caramba . . . ¿y qué quieren que yo haga? Si iban a declarar la huelga hoy, ¿por qué no avisaron a la administración o al sindicato? Así no se hacen las cosas—de buenas a primeras—inesperadamente.

Sr. Rivas Creo que todo se debe a la influencia de un tal Juan Domínguez que los ha persuadido. Tiene el respeto de todos, y los ha organizado esta mañana. No hay nada de violencia; simplemente están agrupados todos esperando la reacción de la empresa.

Sr. Quintana Pues, voy a hablar con ellos. Dígales que me esperen. Estaré con Uds. en quince minutos. Primero voy a avisar a la administración y a los representantes del sindicato.

Preguntas

1. ¿Qué clase de huelga ha estallado?
2. ¿Qué pidieron los obreros originalmente? ¿Después?
3. ¿Qué hizo la empresa para informar a los trabajadores sobre el estado de las deliberaciones?
4. ¿Cuál es la causa directa de la huelga esta mañana?
5. ¿Qué propone hacer el Sr. Quintana?

LECTURA Lolo Manco

El cuento «Lolo Manco» del escritor puertorriqueño *Edwin Figueroa* (1925-) describe la tragedia tanto emocional como física de un hombre del campo que procura luchar con la maquinaría en una fábrica moderna, a la vez que su naturaleza, herencia y experiencia le predisponen a un ambiente rural. En la selección siguiente, se narra algo de su contacto con el nuevo empleo.

De pronto se encontró en el interior de la fábrica. El capataz le condujo entre extraños cuerpos de acero empotrados en el suelo negro[1] de la factoría. Del techo bajaban las poleas,[2] descolgando cadenas interminables. En las esquinas crecían las estibas de planchas de cinc sin elaborar.[3] Miró a las ventanas. Un sol empañado[4] se asomaba a los cristales sucios mientras adentro resplandecía la luz eléctrica.
—Ésta es la sección de soldadura y remache[5] y ésta la de materia prima—oyó al capataz.

Repentinamente sonó el alarido de un pito y el salón se estremeció como enorme locomotora que empieza a caminar. A cada instante se añadían chirridos[6] distintos, más agudos, más penetrantes. El capataz se le acercó para continuar vociferándole[7] al oído las instrucciones. Los tímpanos no daban abasto.[8] Lolo Guerra no pudo disimular el espanto.

Pero el capataz siguió explicándole el funcionamiento de aquellas piezas en movimientos contradictorios. Y veía descender los chorros de aceite y cebo[9] derretido en capas oleosas por los pistones, por los vástagos giratorios, por los taladros y los rodetes.[10] Sintió náuseas y una dentera que le agrietaba los dientes.[11] Pero era preciso hacer un esfuerzo decisivo.
—Esto es lo que usted va a hacer . . . sin fallar . . . «on time.»
—Sí, sí . . .— fue lo único que pudo balbucir.[12]
— ¡Recuerde que hay que aumentar la producción a siete mil! —gritó con más fuerza el capataz.— ¡A siete mil!

La mirada se le fue de nuevo tras las gruesas láminas[13] de metal galvanizado. Permaneció abstraído contemplando como una tras otra eran devoradas por las sierras y los taladros para salir recortadas con simétricas perforaciones en los extremos. Luego las siguió mientras

[1] **cuerpos . . . suelo negro** pieces of steel embedded in the black floor [2] **polea** pulley [3] **En . . . elaborar** Unprocessed zinc sheets were piling up in the corners [4] **empañado** hazy [5] **soldadura y remache** welding and riveting [6] **chirrido** shrill sound [7] **vociferar** gritar [8] **Los . . . abasto** His eardrums weren't strong enough (to keep out the noise) [9] **cebo** grease [10] **vástagos . . . rodetes** turning rods, along the drills and along the drums [11] **dentera . . . dientes** chill that made him grit his teeth [12] **balbucir** to stammer [13] **lámina** sheet

corrían arrastrándose sobre una superficie movible hasta la enorme prensa[14] hidráulica donde recibían un doblez a modo de repulgo.[15] —Esto es sencillo, como coser un pedazo de tela cualquiera— gritó el capataz abocinándose[16] la boca con las manos.

Por el suelo pringoso[17] se amontonaba la viruta[18] plateada de las planchas. La mano áspera de Lolo Guerra no pudo contenerse. Al primer descuido del capataz se bajó para agarrar[19] un puñado de aquellas fibras tan brillosas. Y un relámpago de codicia le alumbró los ojos.
— ¡Parecen de plata y están botás[20] aquí!

Dolores tuvo a su cargo la prensa hidráulica de mayor tonelaje.[21] Los primeros días fueron difíciles. El martilleo reiterado mantenía sus nervios en tensión constante, como alambres[22] incandescentes.

Las hojas de acero laminado caían formando macizos lingotes[23] después de recibir la aserradura.[24] Una, dos, tres . . . eran aplanchadas hasta formar grupos de veinticinco hojas. El tiempo se medía por el número de hojas prensadas. Los días fueron transcurriendo a ritmo de máquina.

Cuando se echaba de noche muerto de cansancio seguía en sueños contando planchas, una, dos, tres, veinticinco. —Hay que aumentar la producción. . . . Pero al despertar sentía un cansancio viejo, de siglos.

[14]**prensa** press [15]**doblez . . . repulgo** fold like a hem [16]**abocinar** to cup [17]**pringoso** greasy [18]**viruta** shavings [19]**agarrar** to grab [20]**botás** botadas [21]**tonelaje** tonnage [22]**alambre** wire [23]**macizos lingotes** enormous ingots [24]**aserradura** sawing, cutting

Preguntas

1. ¿En qué parte de la fábrica se encontraba Lolo?
2. ¿Cómo estaba el sol ese día?
3. ¿Cuál es la primera sección que el capataz le explica?
4. ¿Por qué tiene que hablarle al oído el capataz?
5. ¿Cuál fue la reacción de Lolo ante los ruidos ensordecedores?
6. ¿Qué le recuerda el capataz a cada rato?
7. ¿Cuál es la función de la prensa hidráulica?
8. ¿A qué se asemeja la función de la prensa, según el capataz?
9. ¿Qué le llama la atención a Lolo en el suelo? ¿Por qué se fija en ello?
10. ¿Qué indicios hay de que el trabajo es muy duro para Lolo?

Expansión de vocabulario

I Reemplace las palabras en letra negra con la forma apropiada de un sinónimo o una expresión parecida de la lista.

de pronto	a modo de
asomarse	contener
a cada instante	alumbrar
sin fallar	a su cargo
permanecer	a ritmo de

1. Hace tanto tiempo que mi amigo vive en Río de Janeiro que habla portugués **como** los cariocas.
2. Alguien **fue** al balcón para ver lo que estaba pasando en la calle.
3. **Repentinamente** se oyó un ruido desconocido afuera de la puerta.
4. Los rayos tenues de la salida del sol empezaron a **iluminar** los picos nevados.
5. Él trabajaba **al compás de** los movimientos de la prensa.
6. El capataz daba nuevas instrucciones **continuamente.**
7. Los obreros **quedaron** estupefactos por unos minutos después de oír la noticia.
8. Aunque estés enojadísimo, trata de **refrenar** tu cólera.
9. El operario tenía dos máquinas **bajo su responsabilidad.**
10. Uds. pueden depender de ellos **con seguridad.**

Discusión de la fotografía

1. ¿Qué están haciendo los tres señores?
2. ¿Piensa Ud. que ésta es una fábrica que depende más de la tecnología o de la mano de obra? ¿Por qué?

Posibilidades

1. Tomando el papel de uno de los trabajadores de la fotografía, platique con los otros dos sobre su vida, su oficio, lo que están haciendo ahora y el trabajo de la fábrica en general.
2. Imagine una conversación entre uno de estos empleados y un representante del sindicato sobre la administración de la empresa y las condiciones de trabajo en la fábrica.
3. Invente una conversación entre un representante de la administración de la fábrica y estos tres señores.

Para la discusión oral

1. Si Ud. ha trabajado en una fábrica alguna vez o si ha visitado una, describa la actividad que Ud. vio.
2. Uno de los problemas principales de muchas fábricas es el aburrimiento de los operarios que día tras día desempeñan la misma función. ¿Por qué piensa Ud. que esto ocurre? ¿Hay algo que se pueda hacer para impedirlo?
3. Desde el punto de vista del consumidor, ¿cuál es la diferencia entre un producto salido de una fábrica y un artículo semejante hecho a mano por un artesano? Y desde el punto de vista del obrero, ¿cómo ve él su producto en contraste con el artesano?
4. ¿Qué medidas elementales de seguridad personal considera Ud. indispensables en cualquier planta armadora de maquinaria?

Temas de composición

1. Discuta y analice las desventajas y las ventajas de la especialización industrial.
2. ¿Es posible que la falta de recursos ilimitados de combustible nos haga volver a valorar la energía humana sobre la energía mecanizada? ¿Cuáles serían las consecuencias de esta «desindustrialización»?
3. En casi todos los países occidentales, la gran fuerza y éxito de los sindicatos se encuentra entre la clase obrera más que entre la clase profesional. ¿Por qué? ¿Cuáles son las diferencias entre estos dos grupos?
4. Discuta la influencia de los sindicatos en la vida norteamericana.

CAPÍTULO 18
EL PERIODISMO

VOCABULARIO ÚTIL

el periodismo profesión de personas que escriben para los periódicos; todo lo que se refiere a los periódicos
el (la) periodista persona que escribe para los periódicos
periodístico relativo a los periódicos y periodistas
las noticias acontecimientos de interés
la noticia un acontecimiento; «news story»
la prensa conjunto de publicaciones; la imprenta; taller de impresión
el reportaje información y datos sobre una noticia; «coverage»
el (la) reportero(a), el (la) cronista periodista que escribe las noticias
el (la) corresponsal periodista que hace reportajes de otro lugar, generalmente en el extranjero
los titulares títulos o encabezados de las principales informaciones de un periódico
la primera plana primera página de un periódico
dominical que se publica los domingos
diario que se publica todos los días
semanal que se publica cada semana
mensual que se publica cada mes
anual que se publica cada año
el editorial artículo de fondo en un periódico; «editorial»

la editorial, la casa editora empresa o compañía que publica libros, revistas o periódicos
el diario el periódico que se publica todos los días
el tiraje cantidad de ejemplares publicados o impresos

el número issue
el (la) editor(a) publisher
impreso en printed, published in
corregir to correct; to proofread
redactar to edit
el (la) redactor(a) editor
la redacción editing
el jefe (la jefa) de redacción editor-in-chief
la caricatura cartoon
la publicidad advertising
el anuncio announcement; advertisement

el (la) fotógrafo(a)
publicar
la crítica
el suplemento
la columna
la subscripción
subscribir

Ejercicios de vocabulario

I Complete cada oración con la forma apropiada de una palabra de la lista.

corresponsal
titular
suplemento
impreso
subscripción

1 Nuestra ________________ a la revista se agota el próximo mes. Debo renovarla.
2 Este domingo el periódico va a incluir un ________________ sobre los hogares, construcción, reparaciones, decoración, cuidado de los niños y mucho más.
3 El Sr. Campos es nuestro ________________ en Asia. Cada semana manda un artículo especial.
4 ¿Has visto los ________________ del diario de la tarde? Se refieren a la situación urgente en el extranjero.
5 Este libro fue ________________ en Chile por primera vez; desde entonces no ha habido otra edición.

II Identifique.

1 Los artículos que expresan el punto de vista del periódico
2 El proceso de leer y enmendar errores
3 El (la) que dirige una publicación
4 El conjunto de medios empleados para dar a conocer un producto o un servicio comercial
5 La compañía que publica un libro

DIÁLOGO El periódico

El Sr. Ugarte, jefe de redacción de un periódico, ha llamado a Víctor Silva, un periodista, a su oficina para hablar con él.

Sr. Ugarte Pase Ud., Sr. Silva. Tome asiento. Es la primera vez que nos vemos, ¿verdad?

Sr. Silva Sí, señor, es verdad, aunque he trabajado aquí desde hace tres años.

Sr. Ugarte Sí, es lo que acabo de ver en su hoja de servicio. Bueno . . . hablando sin rodeos, vamos al grano. La semana pasada Ud. escribió una serie de artículos sobre ciertos fraudes comerciales por parte de algunas firmas de la ciudad, ¿verdad?

hablando sin rodeos without beating about the bush
vamos al grano vamos a hablar del asunto

Sr. Silva Seguramente se refiere Ud. al reportaje «Vendiendo gato por liebre», un artículo diario por cinco días. Expuse ahí como algunos establecimientos estafan diariamente al público.

Vendiendo . . . liebre to trick, swindle
estafar engañar

Sr. Ugarte Sí, sí . . . sé muy bien—demasiado bien— en que consistía su objetivo. Lo que no sé es si Ud. se ha dado cuenta de la cantidad de lectores y comercios que se anuncian en nuestro periódico que han sido afectados por sus acusaciones.

Sr. Silva Bueno, pues . . . Sr. Ugarte . . . Ud. sabe bien que es imposible escribir algo serio sin que alguien se sienta ofendido.

Sr. Ugarte Ni siquiera necesita ser serio. Diariamente recibimos cartas de gente agraviada por las tiras cómicas. También tuvimos el caso de la protesta de un grupo de lectores por varias simples recetas de cocina—que según ellos no eran representativas de la dieta de su país. No me refiero a estas chifladuras. Hemos recibido cartas y llamadas muy serias.

tiras cómicas comics
chifladura tontería

Sr. Silva Pero, señor, ¿en qué sentido?

Sr. Ugarte Bueno, pues, en el sentido de que algunos de los que nos han llamado figuran entre los personajes más importantes de la comunidad. Yo personalmente tengo que hacer una declaración —un anuncio público sobre el caso. Pienso escribir el editorial para la edición nocturna de mañana— una contestación oficial a toda la crítica originada por su serie. Debo agregarle al mismo tiempo que hemos recibido llamada tras llamada agradeciéndonos haber descubierto tantos casos y el valor

sacar a luz descubrir

contundente firme

desenmascarar descubrir

Cía. Compañía

de haberlos sacado a luz. Lo que yo tengo que hacer es asegurarme fuera de toda duda de que hay documentación y pruebas contundentes de todo lo que Ud. desenmascaró.

Sr. Silva No lo dude, Sr. Ugarte. Tengo cada caso en archivo—entrevistas con personas, fotografías, testimonios de expertos que consulté. Por ejemplo, la cuestión de los televisores es un caso muy bueno y también muy típico. «Mercantil Moderna» estaba vendiendo algunos diciendo que eran de una fabricación muy especial, cuando la verdad es que eran muy corrientes y se vendían en otros lugares a un precio mucho menor. La propaganda fue, en este caso, absolutamente falsa. En otro caso, «Viena y Cía.» anunció la venta de dos trajes por el precio de uno, pero cuando el cliente ya estaba casi atrapado, advertían que era necesario pagar por dos para recibir uno gratis. De todo esto tengo pruebas.

Sr. Ugarte Bueno, Sr. Silva, quiero que me traiga el archivo de los casos específicos tratados en sus artículos para que los vea antes de formular mi respuesta a la crítica. Pero le ruego que no se preocupe; no hay queja que valga frente a la verdad.

Sr. Silva Gracias, Sr. Ugarte. Ahora mismo le traigo lo que Ud. necesita. Voy a la oficina de la Sra. Álvarez, la editora que redactó los artículos. Es ella quien tiene los archivos.

Preguntas

1. ¿Cuánto tiempo hacía que el Sr. Silva trabajaba para el periódico?
2. ¿De qué manera quiere el Sr. Ugarte iniciar su conversación con el periodista?
3. ¿De qué se trataban los artículos tan polémicos del Sr. Silva?
4. ¿Quiénes se han ofendido con los artículos?
5. ¿En qué otras ocasiones ha tenido el jefe de redacción cartas de lectores ofendidos?
6. ¿En qué sentido es diferente la reacción pública esta vez?
7. ¿Qué piensa hacer el Sr. Ugarte? ¿Para cuándo?
8. ¿Qué indicios hay de que no todos los lectores del periódico se disgustaron con la serie?
9. ¿Qué clase de documentación tiene el Sr. Silva para respaldar sus descubrimientos?
10. ¿En qué consistía la publicidad engañosa de la venta de trajes?

Expansión de vocabulario

I De la lista B, escoja la expresión sinónima a las palabras en la lista A.

	A		B
1	periódico	1	añadir
2	hablar sin rodeos	2	sin distinción
3	ir al grano	3	diario
4	parcialidad	4	discutir el asunto esencial
5	agregar	5	revelar
6	sacar a luz	6	discutir franca y directamente
7	corriente	7	preferencia

II Exprese el significado de las siguientes palabras e invente una oración que indique su uso.

1 vender gato por liebre
2 fuera de toda duda
3 ir al grano
4 entrevista
5 desenmascarar

Discusión de la fotografía

1 ¿Para qué serán los auriculares que usan algunos de los periodistas?
2 ¿Cómo se distinguen algunos de los hombres que están de pie de los que están sentados?
3 ¿Para qué tienen cuadernos algunos de los periodistas?
4 ¿Qué indicios hay de que ésta es una reunión periodística importante o urgente?
5 ¿Se permite fumar en esta reunión? ¿Cómo se sabe?

Posibilidades

1 Imagine una conversación entre uno de estos periodistas y el jefe de redacción de su periódico después de concluida la reunión.
2 Invente un diálogo informal, tal vez durante un coctel después de la reunión, entre tres de estos periodistas cuyos puntos de vista y comprensión de lo que han oído son muy discrepantes.

Para la discusión oral

1 Si se vende más de un periódico en su pueblo o ciudad, ¿cuál lee Ud.? ¿Por qué lo prefiere?
2 Explique el contenido de las siguientes secciones de un diario típico:
  a índice
  b cartas de lectores
  c cine, teatro y música
  d deportes
  e economía y finanzas
  f editoriales
  g la mujer, el hogar y el niño
  h notas sociales
  i avisos clasificados
  j los obituarios
  k libros recientes
  l tiras cómicas
  m la etiqueta social
  n el crucigrama
3 ¿Piensa Ud. que la prensa debe preocuparse de asuntos como el descrito en el diálogo? ¿Por qué?
4 ¿Cuál de las tiras cómicas que Ud. lee le gusta más? ¿De qué se trata? ¿Por qué le divierte?

Temas de composición

1 Escriba el editorial de contestación al público del Sr. Ugarte.
2 Prepare un artículo periodístico sobre uno de los siguientes tópicos:
  a una crisis en las Naciones Unidas
  b el confuso panorama político
  c una huelga y el sindicato
  d una investigación policíaca
  e el resultado de una entrevista con un(a) artista de cine, de teatro, o un intérprete o compositor musical
  f la enfermedad de un líder extranjero
  g la crítica de una película
  h un accidente
3 Una de las cuestiones más discutidas en el periodismo es la responsabilidad moral de la imparcialidad en el reportaje de noticias. El problema no se limita a los periódicos solamente; también se relaciona con los noticieros de cine y televisión. Examine la cuestión en un ensayo, discutiendo en qué sentido ayuda el reportaje a formar la opinión pública.

4 Se ha criticado mucho a la prensa y televisión por los reportajes que tienden a glorificar ciertas noticias, volviéndolas sensacionales. Por ejemplo, se ha dicho que leer ciertas noticias—de manifestaciones, de asesinatos, de disturbios—en algunos casos afecta y motiva a otras personas a hacer lo mismo por un proceso psicológico de contagio. ¿Qué piensa Ud. de esto? ¿Debe haber censura de la prensa y la televisión? ¿Debe haber censura sólo de ciertas noticias? ¿Quién—o qué grupo—debe encargarse de la censura, si Ud. cree que debe haberla? Si no, ¿piensa Ud. que un periódico o una emisora de televisión debe imponerse ciertas restricciones en el reportaje de algunas noticias? ¿Cuáles? ¿Cómo?

CAPÍTULO 19
LOS ESPECTÁCULOS

VOCABULARIO ÚTIL

la función presentación en el teatro, la ópera, el circo, etc.; «show,» «performance»
el (la) dramaturgo(a) autor de una pieza teatral
la taquilla lugar donde se compra la entrada
el escenario área donde se realiza un drama; «stage»
el elenco, el reparto conjunto de actores y actrices de un drama
el libreto texto de un drama
actuar representar, protagonizar
la actuación representación; «acting»
el repertorio conjunto de piezas que presenta un teatro
la carrera curso de la vida profesional
cinematográfico relacionado con el cine
el (la) concertista artista que canta o toca en teatros de primera calidad
el (la) cantante persona que canta
el (la) bailarín(a) persona que baila
la televisora estación de televisión
el (la) locutor(a) persona que habla por la radio o aparece en la televisión
talentoso que tiene talento
la estrella actor o actriz principal de cierto renombre
el intermedio descanso corto entre actos o partes de una función
el canto relacionado con la música y las canciones
grabar (un disco) acto de hablar o cantar para que se reproduzca en forma de disco

sacar al mercado vender; «to release»
aplaudir dar aplausos, dar palmadas para indicar aprobación
ganar los aplausos recibir aplausos
ganarse al público recibir la aprobación del público
la temporada artística La temporada artística dura desde octubre hasta marzo.

la cartelera billboard, performance listing
la ejecución performance (of an actor, group, etc.)
ensayar, practicar to rehearse
el ensayo rehearsal
el telón (theatre) curtain
el marco escénico setting
el papel role
hacer el papel (de) to play a role
la película film
la pantalla screen
el guión dialogue, adaptation of a story to the cinema
el argumento, la trama story, plot
rodar to shoot (a film)
el rodaje shooting
los próximos estrenos coming attractions
el estreno opening night; debut
interpretar to play, to do a role
el (la) intérprete actor or actress who plays a certain role
la interpretación performance of an actor in a role
la grabación recording
la revista musical musical review
la boite, el cabaret nightclub
la variedad show in a nightclub
el conjunto (musical) group
de gira on tour
la telenovela television soap opera
el documental documentary
la fila row
la butaca seat in a theatre
la entrada theatre ticket
el patio orchestra
el entresuelo mezzanine
el intermedio intermission

el concierto
el (la) músico(a)
el (la) cómico(a)
la banda
la orquesta
el álbum
el (la) compositor(a)
la ópera
el ballet
la danza
el coreógrafo
el show
el debut
los admiradores
filmar en color
la filmación
el balcón
la programación
transmitir
el canal
el micrófono
hacerse famoso
aplaudir

Ejercicios de vocabulario

I Explique la diferencia entre cada una de las siguientes palabras.

1. la ópera y el ballet
2. una revista musical y un drama
3. el elenco y el auditorio (o público)
4. un concertista y un cantante de cabaret
5. los próximos estrenos y las atracciones actuales

II Complete cada oración con la forma apropiada de una palabra de la lista.

función	ganarse al público
actuación	temporada artística
orquesta	ensayar
admirador	conjunto
pantalla	cinematográfico

1. La artista estaba rodeada de sus __________. Querían su autógrafo.
2. Hay dos __________ todas las noches excepto los domingos: a las 7:30 y a las 10.
3. Anteriormente, la industria __________ estaba centralizada en Hollywood, pero ahora parece que está en Europa.
4. El cinerama consiste en la proyección de una película sobre tres __________ a la vez, de manera que el auditorio se siente rodeado por el ambiente de la película.
5. Es un actor muy bueno, pero francamente su __________ en esa comedia es mediocre.
6. La __________ no es muy larga; sólo dura los tres meses de invierno.
7. Ese __________ cubano es muy popular. Toca todos los ritmos bailables.
8. Los actores deben __________ más; todavía no saben el diálogo perfectamente.
9. La cantante de ópera __________. Tuvo un éxito rotundo.
10. La __________ está tocando un vals vienés.

III Complete el siguiente diálogo con palabras apropiadas.

En la taquilla

Taquillero Sí, señorita, ¿en qué puedo servirle?

Señorita ¿Tiene Ud. dos __________ en el __________ para la __________ de esta noche?

Taquillero No, señorita. En el patio están agotadas, pero me quedan algunas en el __________.

Señorita Ay, ¡qué lástima! Está un poco lejos del __________, ¿no?

Taquillero No, señorita. Porque me quedan dos juntas en la primera __________ del entresuelo. En realidad están más cerca que las de la última __________ del __________.

Señorita Muy bien. ¿Y me puede decir a qué hora se levanta el __________?

Taquillero Sí, señorita. La __________ empieza a las siete y media.

Señorita ¿Hay __________?

Taquillero Sí, señorita, entre los dos actos. Aquí tiene Ud. sus __________.

Señorita Muy agradecida.

Taquillero Servidor de Ud.

NARRATIVA Los espectáculos

El mundo variado y fascinante de los espectáculos, desde la ópera y el ballet hasta la televisión y la variedad de los centros nocturnos, siempre ha ejercido un gran atractivo sobre mucha gente. Tradicionalmente no ha habido otra carrera que haya ofrecido mayores posibilidades de fama y riquezas para el que tiene éxito, pero al mismo tiempo no ha habido otra profesión más difícil en cuanto a conseguir aceptación y mantener una imagen duradera. El artista dedicado a los espectáculos puede encontrar desilusiones, fracasos y desengaños a lo largo de toda la carrera.

fracaso failure

afán interés, deseo

Casi siempre el afán por tal carrera se manifiesta cuando la persona es todavía joven. Siguen después las primeras tentativas en la escuela, en la universidad o en una situación en la que se puede explorar y desarrollar el talento y a la vez tomar decisiones sobre los pasos a seguir. Cuando se ha decidido tomar la carrera en serio, después de un período de «aprendizaje local,» es casi esencial mudarse a una ciudad grande para continuar con estudios profesionales y empezar a asociarse con otros artistas de la carrera que uno busca.

De este momento en adelante, el éxito o el fracaso depende de muchos factores. Es bien sabido que los buenos contactos importan mucho en cualquier carrera, pero más importante aún es el verdadero talento del principiante, su dedicación a su ideal y también un poco de suerte. A veces, cuando falta uno de estos elementos, no queda más remedio que abandonar los anhelos juveniles y orientarse hacia objetivos más realistas.

Pero para quien logra realizar una carrera en el campo de los espectáculos, se abre un mundo de grandes satisfacciones, no sólo por la fama y la riqueza, sino también por el hecho de haber logrado algo muy apetecido y por la conciencia de que se da gusto a los otros. Es tal vez la combinación de estas fuerzas lo que hace que la carrera de actor, cantante, bailarín o locutor—de artista en fin—sea un sueño que casi todos hemos tenido.

dar . . . otros to bring pleasure to others

Preguntas

1. ¿Qué se entiende por la palabra «espectáculos»?
2. ¿Por qué es tan atractivo el mundo de las diversiones?
3. ¿Qué puede alcanzar uno si tiene éxito en el mundo de los espectáculos?
4. Al mismo tiempo, ¿cuáles son los peligros de tal carrera?
5. ¿Cuáles son los primeros pasos para iniciarse en una carrera de artista?
6. ¿Adónde tiene que ir el principiante después? ¿Por qué?
7. ¿De qué depende el éxito cuando uno está preparado para una carrera?
8. ¿Qué hay que hacer si uno no tiene éxito?
9. ¿En qué consiste el orgullo personal de alguien que ha triunfado en el mundo artístico?
10. ¿Cree Ud. que la mayoría de la gente ha soñado con una carrera artística alguna vez?

Expansión de vocabulario

I Exprese el significado de las siguientes palabras e invente una oración que indique su uso.

1. conseguir aceptación
2. duradero
3. adelantar
4. principiante
5. no quedar remedio

II De la lista B, escoja la expresión antónima a las palabras en la lista A.

	A		B
1	entretener	1	en broma
2	afán	2	esquivar
3	manifestarse	3	ocultarse
4	tener éxito	4	fracasar
5	en serio	5	aburrir
6	asociarse con	6	apatía
7	orientar	7	despistar
8	realista	8	idealista

Discusión de la fotografía

1 ¿Cómo está vestida la mayoría de la gente del público?
2 ¿Por qué se supone que es el fin de la función?
3 ¿Dónde están las localidades más costosas? ¿Dónde están las más baratas?
4 ¿Qué indica que ha habido éxito en la venta de boletos?

Posibilidades

1 Como si Ud. fuera uno de los caballeros o una de las damas que se ven en primer término, invente una conversación con un pequeño grupo de amigos que le han acompañado al teatro esta noche. La conversación puede versar sobre sus localidades, la gente que ha asistido y la función que acaban de ver.
2 Imagine un diálogo entre la persona o las personas que han aparecido en el escenario para esta función y otro(s) artista(s) sobre el éxito de esta noche y el público que ha asistido.
3 Escriba la crítica periodística que va a aparecer en el diario de mañana sobre el éxito teatral de esta noche.

Discusión de la fotografía

1 ¿Cómo está vestida la mujer que está en el escenario?
2 ¿Qué hace el hombre que está sentado a la izquierda de la fotografía?
3 ¿Qué evidencia hay de que «el zapatero no trabaja hoy»?
4 ¿Por qué se supone que ésta es una función que goza de popularidad?

Posibilidades

1 Como si Ud. fuera la actriz o el actor que tiene la pandereta en la mano, piense en una conversación—fuera del escenario—con la otra persona sobre su carrera, la compañía teatral en la cual actúa y la comedia que están representando actualmente.
2 Invente el diálogo de estos actores para esta escena.
3 Imagine una conversación entre dos o tres de los hombres que están presentes después de ver la comedia.

Para la discusión oral

1 ¿Qué diversión le gusta más: el cine, la televisión o una función de teatro? ¿Por qué?
2 ¿Quién es su actor favorito? ¿Actriz? ¿Cantante? ¿Por qué?
3 ¿Le gustaría hacer una carrera de actor o actriz o cantante? ¿Por qué?
4 ¿Qué película reciente le gustó más? ¿De qué se trata? ¿Por qué es buena?
5 ¿Cuál es su programa de televisión predilecto? ¿Por qué?
6 ¿Cree Ud. que son importantes los buenos contactos para iniciar o adelantar una carrera? ¿Por qué?
7 Las películas hollywoodenses que se exportan al mundo hispanoparlante casi siempre sufren un cambio de título que muchas veces es más que una simple traducción. Algunos ejemplos son:
Gone With the Wind *Lo que el viento se llevó*
A Vigilante in the Streets *El vengador anónimo*
Gangster Story *Su nombre hacía temblar*
Deliverance *Amarga pesadilla*
The Cincinnati Kid *La mesa del diablo*
Soylent Green *Cuando el destino nos alcance*
Doberman Patrol *Los doberman al ataque*
Inside Job *Astucia y dinamita*
For Pete's Sake *¡Qué diablos pasa aquí!*
Man on a Swing *La clave del vidente*
That's Entertainment *Érase una vez en Hollywood*
Deep End *La chica del baño público*
Sound of Music *La novicia rebelde*
Cabaret *Adiós Berlín*
Piense en algunas de las películas populares actualmente y déles un nuevo título en español.

Temas de composición

1 ¿Cree Ud. que el gobierno de un país tiene la responsabilidad de patrocinar las bellas artes—la ópera, la danza, el teatro—ayudando de esta manera a mantener o a elevar el nivel cultural de la ciudadanía?
2 Analice en un ensayo el contenido de violencia de películas y programas de televisión. ¿Cuáles son sus efectos? ¿Es necesario cambiar esta situación? ¿Por qué? ¿Cómo?
3 La industria cinematográfica es un buen ejemplo de un comercio que procura adecuar su producto al gusto general del público. Por eso hay series de películas que giran alrededor de algún tema o situación común. Hubo, por ejemplo, la etapa de filmes de ciencia ficción, otra fue la de los bohemios o los héroes existencialistas y luego vino la de los desastres. ¿En

qué etapa se encuentra la industria fílmica actualmente? ¿Por qué piensa Ud. que el público es tan inconstante en su interés?

4 Hoy en día, hay muchos que hablan de la baja calidad de muchos programas de televisión. ¿Está Ud. de acuerdo con que la programación de los canales principales es de calidad inferior? Exponga sus ideas y razones en un ensayo, discutiendo al mismo tiempo la cuestión del buen gusto—o la falta del mismo—tanto en los programas como en la propaganda de la televisión.

CAPÍTULO 20
LA FINCA

VOCABULARIO ÚTIL

abonar fertilizar la tierra orgánicamente
el abono fertilizante orgánico
regar remojar la tierra, echar agua a las plantas
el riego, la irrigación acción y efecto de regar
el agricultor, el cultivador, el labrador, el campesino persona que labra la tierra
el (la) jinete persona que monta a caballo
domar subyugar, hacer dócil a un animal
el domador persona que doma los caballos o fieras
la doma acción de domar
manso dócil
el yugo madero que se coloca en la cabeza de los bueyes para unirlos
el ganado conjunto de animales que se crían para aprovechar sus productos (generalmente se entiende conjunto de vacas, pero puede ser de ovejas, cerdos, etc.)
la manada grupo de animales de campo de la misma especie; «herd»
el rebaño manada de ovejas; «flock»
el potro caballo joven
la yegua caballo hembra
el becerro, el ternero res joven
el cordero, el borrego oveja joven
cultivar hacer crecer un producto
el cultivo acción o proceso de cultivar; tiempo en que se hace
cosechar proceso de recolectar los frutos de la tierra

la cosecha recolección de los cultivos
sembrar esparcir semillas en tierra para que germinen; «to seed»
la siembra acción de sembrar; tiempo en que se hace
criar alimentar y cuidar, generalmente se refiere a niños o animales
la cría acción de criar; niño o animal mientras se está criando
excavar hacer un hoyo o una cavidad en la tierra
cavar mover la tierra, hacer hoyos
labrar trabajar la tierra
la ceba alimentación que se da para engordar al ganado
el maizal campo de maíz
el trigal campo de trigo
arar hacer surcos en la tierra con el arado
el arado máquina o instrumento para hender la tierra

la labranza farming, cultivation of the land
sazonar to ripen; to season (with spices)
madurar to mature, to ripen
la pala shovel
la azada hoe
el rodeo, el arreo roundup
la herradura branding
el granero the barn
el establo stable
la cerca fence
el pasto pasture; grass; food (for animals)
la dehesa pasture land, meadow
la silla, la montura saddle
el jaez harness
las riendas reins
el buey ox
la cabra goat
la res (head of) cattle
la cebada barley
mugir to moo
relinchar to neigh

Ejercicios de vocabulario

I Complete cada oración con la forma apropiada de una palabra de la lista.

riego	sembrar
domar	cría
ganado	arado
manada	sazonar
cosecha	riendas

1 Por la noche, se oían en los llanos los mugidos del ____________.
2 El ____________ se efectúa por medio de un acueducto que viene desde el río.
3 Los agricultores deciden cuándo deben ____________ la tierra tanto por el calendario como por los factores del tiempo.
4 Las ____________ de la oveja caminan detrás de la madre. Son dos corderitos preciosos.
5 Ud. puede ____________ la carne con esta salsa.
6 Por el exceso de lluvia, la ____________ casi se ha arruinado.

7 El joven agarró las ______________ del caballo tenazmente; era la primera vez que montaba.
8 Es curioso ver como los campesinos labran la tierra aquí. Usan ______________ de madera que parecen muy anticuados.
9 Hay que ______________ un caballo antes de poder montarlo.
10 Allá a lo lejos se percibe una ______________ de caballos salvajes. Están rodeados de una nube de polvo.

II Explique la diferencia entre cada una de las siguientes palabras.

1 una dehesa y un maizal
2 un agricultor y un domador
3 una yegua y un becerro
4 la pala y el tractor
5 un rodeo y una herradura

DIÁLOGO En la finca

Diego, estudiante universitario de agronomía, conversa con su padre sobre su finca y las nuevas técnicas para aumentar la cosecha.

Padre Ya ves, Diego, durante el año que estuviste ausente en la universidad, las cosas aquí han seguido como siempre.
Diego Sí, papá . . . todo me parece como antes—y muy bonito. Aquí en el campo uno de veras se siente libre y más humano que en la ciudad. Me gusta la capital, pero prefiero estar aquí.
Padre ¿Has visto los nuevos becerros? Hay once este año . . . dos más que el año pasado. También tres potrillos.
Diego Sí, así me contó mamá en una de sus cartas. Pero no dijo nada de la cosecha del año pasado. No quería preguntar porque ya sabía que no iba a ser tan buena como querían Uds. cuando me fui.
Padre Sí, Diego, es verdad . . . vamos a tener que hacer algo para aumentar la producción. Estamos ahora labrando casi todo nuestro terreno—igual que siempre—pero debido a la plaga de hace dos años junto con las lluvias constantes que pudrieron las raíces el año pasado, la cosecha ha sido muy reducida dos años seguidos. Tengo grandes esperanzas de que la de este año sea muy buena.

pudrir to rot

Diego Papá, a propósito de esto, tú sabes que por mis cursos de este año, creo que debemos servirnos de ciertas nuevas técnicas, especialmente unos nuevos fertilizantes químicos. He visto los resultados en el laboratorio, y te digo que son maravillosos . . . hasta se dobla o se triplica la cosecha del mismo pedazo de terreno labrado.
Padre ¿Y son muy caros?
Diego Sí, un poco. Pero leí algo de que el gobierno tiene un programa para ayudar a los agricultores que desean experimentarlos. Ellos pagan la mitad del costo del abono al principio. Luego si hay aumento significativo en la producción, el agricultor le devuelve al gobierno sólo un porcentaje reducido de sus ganancias.
Padre Pues, ya es tarde para este año, ¿no? Sembramos hace dos meses.
Diego Sí, pero para el próximo . . .
Padre Vamos a ver, hijo. Lástima que no lo hayamos hecho esta temporada, pero con la ayuda de Dios, todo saldrá bien. Ven . . . quiero que veas unas nuevas máquinas que compré.

Preguntas

1. ¿Dónde ha pasado Diego el año pasado? ¿Por qué?
2. ¿Qué factores negativos han afectado las últimas cosechas?
3. ¿Qué quiere Diego que su padre pruebe?
4. ¿Cómo ayuda el gobierno a los agricultores interesados en la experimentación?
5. ¿Por qué no puede el padre experimentar este año?

LECTURA Don Segundo Sombra

La novela argentina *Don Segundo Sombra* de *Ricardo Güiraldes* (1886-1927) es riquísima en sus descripciones de la vida de los gauchos en la pampa—vida que se asemeja a la de los vaqueros del «Old West» americano. En la selección siguiente, vemos un cuadro vivaz del arreo, narrado desde el punto de vista de un joven que es un personaje principal de la obra.

En la pampa las impresiones son rápidas, espasmódicas para luego borrarse en la amplitud del ambiente, sin dejar huella. Así fue como todos los rostros volvieron a ser impasibles, y así fue también como olvidé mi reciente fracaso sin guardar sus naturales sinsabores.[1] El callejón[2] era semejante al callejón anterior, el cielo permanecía

[1] **sinsabor** disgusto [2] **callejón** ravine

tenazmente azul, el aire, aunque un poco más caluroso, olía del mismo modo, y el tranco de mi petiso era apenas un poco más vivaracho.[3]

La novillada marchaba bien. Las tropillas que iban delante llamaban siempre con sus cencerros claros. Los balidos[4] de la madrugada habían cesado. El traqueteo de las pezuñas,[5] en cambio, parecía más numeroso y el polvo alzado por millares de patas iba tornándose más denso y blanco.

Animales y gente se movían como captados por una idea fija: caminar, caminar, caminar.

A veces un novillo[6] se atardaba mordisqueando[7] el pasto del callejón, y había que hacerle una atropellada.[8]

Influido por el colectivo balanceo de aquella marcha, me dejé andar al ritmo general y quedé en una semi-inconsciencia que era sopor, a pesar de mis ojos abiertos. Así me parecía posible andar indefinidamente, sin pensamiento, sin esfuerzo, arrullado[9] por el vaivén mecedor del tranco,[10] sintiendo en mis espaldas y mis hombros el apretón del sol como un consejo de perseverancia.

A las diez, el pellejo[11] de la espalda me daba una sensación de efervescencia. El petiso tenía sudado el cogote.[12] La tierra sonaba más fuerte bajo las pezuñas siempre livianas.

A las once tenía hinchadas las manos y las venas. Los pies me parecían dormidos. Dolíanme el hombro y la cadera[13] golpeados. Los novillos marchaban más pesadamente. El pulso me latía en las sienes de manera embrutecedora. A mi lado la sombra del petiso disminuía desesperadamente despacio.

A las doce, íbamos caminando sobre nuestras sombras, sintiendo así mayor desamparo. No había aire y el polvo nos envolvía como queriéndonos esconder en una nube amarillenta. Los novillos empezaban a babosear largas hilachas mucosas.[14] Los caballos estaban cubiertos de sudor, y las gotas que caían de sus frentes salábanles los ojos. Tenía yo ganas de dormirme en un renunciamiento total.

Al fin llegamos a la estancia de un tal don Feliciano Ochoa. La sombra de la arboleda nos refrescó deliciosamente. A pedido de Valerio, nos dieron permiso para echar la tropa en un potrerito pastoso,[15] provisto de aguada, y nos bajamos del caballo con las

[3]**tranco . . . vivaracho** my little horse's stride was just a bit more frisky [4]**balido** gemido, mugido [5]**traqueteo . . . pezuñas** clicking of the hoofs [6]**novillo** young bull [7]**mordisquear** to nibble [8]**había que . . . atropellada** it was necessary to push him on [9]**arrullar** to lull [10]**tranco** gallop [11]**pellejo** skin, hide [12]**El . . . cogote** The back of the horse's neck was covered with sweat [13]**cadera** hip [14]**babosear . . . mucosas** to drool long, viscous spittle [15]**potrerito pastoso** grassy pasture field

ropas moldeadas a las piernas, caminando como patos recién desmaneados.[16] Rumbo a la cocina, las espuelas[17] entorpecieron[18] nuestros pasos arrastrados. Saludamos a la peonada, nos sacamos los chambergos[19] para aliviar las frentes sudorosas y aceptamos unos mates, mientras en el fogón[20] colocábamos nuestro churrasco de reseros[21] y activábamos el fuego.

No tomé parte en la conversación que pronto se animó entre los forasteros y los de las casas. Tenía reseco el cuerpo como carne de charque,[22] y no pensaba sino en «tumbiar»[23] y echarme aunque fuera en los ladrillos.[24]

[16] **desmaneado** unshackled [17] **espuelas** spurs [18] **entorpecer** to retard, make difficult [19] **chambergo** soft hat [20] **fogón** hearth [21] **churrasco de reseros** piece of meat broiled over a fire [22] **Tenía . . . charque** My body was as dry as a piece of jerked beef [23] **tumbiar** to lie down [24] **ladrillo** brick

Preguntas

1. ¿Cómo era el callejón por el cual pasaban?
2. ¿Cómo se dejan saber donde están las tropillas que van delante?
3. ¿Por qué se levanta la polvoreda?
4. ¿Qué hacen si un animal se detiene a comer?
5. ¿Qué efecto mental produce el movimiento constante en el joven?
6. ¿Cuáles son los efectos físicos del viaje?
7. ¿Qué pasa con los animales a medida que crecen el calor y el cansancio?
8. ¿Dónde ponen a la tropa cuando llegan a la estancia de Ochoa?
9. ¿Qué ha pasado con la ropa cuando bajan de los caballos?
10. ¿Qué más quiere hacer el joven al llegar a la estancia?

Expansión de vocabulario

I Estudie detenidamente la lista siguiente. Las palabras que aparecen en letra negra están indicadas en la lectura anterior.

	Adjetivo	*Sustantivo*	*Verbo*	*Adverbio*
1	impresionante	**impresión**	impresionar	
2	oloroso	olor	**oler (a)**	
3	delantero	delantera	adelantar	**delante**
4	madrugador	**madrugada**	madrugar	
5	**arrullado**	arrullo	arrullar	
6	doloroso	dolor	**doler**	dolorosamente
7	polvoriento	**polvo**	empolvar	
8	refrescante	refresco	**refrescar**	
9	**provisto (de)**	provisión	proveer	
10	animado[1]	ánimo	**animar(se)**	

[1] también, animoso (brave, spirited, courageous)

II Complete cada oración con la forma apropiada de la palabra en letra negra.

1 **impresión** Fue muy __________ ver como la nueva maquinaria aumentó la producción de la finca.
2 **oler** De la cocina procedía un __________ muy rico.
3 **delante** El caballo negro ha tomado la __________.
4 **madrugada** Todos los vaqueros eran muy __________. Se levantaban a las cinco y el trabajo comenzaba poco después.
5 **arrullado** El __________ de las olas me hizo dormir.
6 **doler** El jinete sintió un __________ en las piernas después de ocho horas de andar a caballo.
7 **polvo** El camino estaba muy __________. Hacía días que no llovía.
8 **refrescar** Una brisa __________ empezaba a soplar después de un día caluroso.
9 **provisto de** Ellos están __________ suficiente comida como para pasar cuatro días en el campo.
10 **animar(se)** Yo sé que tú quieres ir al cine, pero francamente no me siento muy __________.

III Reemplace las palabras en letra negra con la forma apropiada de un sinónimo o una expresión parecida de la lista.

borrar	tener ganas de
tenaz	rumbo a
del mismo modo	aliviar
disminuir	echarse

1 Él **tachó** lo que había escrito en el margen.
2 La población rural en los Estados Unidos **ha bajado** considerablemente. Muchísimos han emigrado a las ciudades.
3 Están **en camino de** Montevideo.
4 El bañista **se tendió** en la arena para tostarse.
5 Los campesinos siguen **firmes** en sus tradiciones agrícolas. Resisten el cambio.
6 Sólo un descanso puede **calmar** la fatiga que siento.
7 No **quieren** visitar la estancia. Dicen que está demasiado lejos.
8 Aunque hay nuevas técnicas, ellos prefieren labrar la tierra **de la misma manera** que sus abuelos.

Discusión de la fotografía

1. ¿Qué distingue al hombre que está a la izquierda de la fotografía de los otros hombres?
2. ¿Por qué se supone que este maíz es una muestra?
3. ¿Cómo describiría Ud. la reacción que se refleja en la expresión de casi todos estos hombres?
4. ¿Cómo están protegiéndose del sol los agricultores?

Posibilidades

1. Como si Ud. fuera el señor de la camisa a rayas o uno de los que lo oyen, invente una conversación entre todos Uds. sobre el maíz y sus nuevas técnicas de cultivo.
2. Imagine una charla después de oír esta explicación sobre el maíz entre dos de los campesinos para quienes es difícil aceptar los últimos avances de la ciencia agrícola.

Discusión de la fotografía

1. ¿Qué animales se ven en esta fotografía?
2. ¿Qué hacen los dos hombres montados a caballo en primer término de la lámina?
3. ¿Qué diferencias hay en la indumentaria de estos vaqueros y la del *cowboy* típico del oeste americano?
4. ¿Cómo se impide que los animales se escapen de este recinto?

Posibilidades

1. Tomando el papel de uno de los vaqueros que se ven en la ilustración, invente un diálogo con otro durante la lazada de la res e inmediatamente después.
2. Como si Ud. fuera uno de los vaqueros, narre en qué consiste su vida, su trabajo y su historia personal.

Para la discusión oral

1. Si Ud. conoce algo de la vida en una finca, descríbala.
2. ¿En qué sentido piensa Ud. que la vida rural es más tranquila que la vida urbana?
3. ¿Por qué tiene la naturaleza una influencia tan fuerte en la vida del agricultor?
4. Describa el trabajo del campesino en una finca.
5. Discuta la importancia de la agricultura en la vida de todos.

Temas de composición

1. Uno de los mayores cambios sociales en los últimos años en los Estados Unidos y en los países latinoamericanos ha sido la emigración de las zonas rurales a las ciudades. ¿Por qué ha sucedido esto? ¿Cuáles han sido los efectos?
2. En los años recientes, ha habido en los Estados Unidos un movimiento en sentido opuesto. Mucha gente ha abandonado las metrópolis para ir a vivir al campo en busca de mayor contacto con la naturaleza. ¿Por qué ha tomado lugar este fenómeno? Escriba un ensayo sobre las razones que explican en parte este movimiento.

TERCERA UNIDAD

LA VIDA CONTEMPORÁNEA

VOCABULARIO ÚTIL

la patria lugar donde uno ha nacido
los (las) compatriotas personas nacidas en el mismo país
trasladar(se) cambiar de sitio u hogar
mudar(se) trasladar(se)
la mudanza acto de mudarse
el extranjero otros países
extrañar, echar de menos sentir la ausencia de un lugar o de una persona
ajeno que pertenece a otro lugar o a otra persona; diferente
añorar recordar con pena la ausencia de una persona o cosa
la aculturación proceso de aprender a vivir en un nuevo lugar
las actitudes disposiciones de ánimo
las costumbres hábitos o usos
los modos formas o maneras de ser
el (la) ciudadano(a) habitante de una ciudad o de un país
la ciudadanía calidad, derecho de ciudadano

adoptar
reajustarse
el reajuste

Ejercicios de vocabulario

I Complete cada oración con la forma apropiada de una palabra de la lista.

patria	echar de menos
compatriota	ajeno
mudanza	añorar

1. ¡Cuánto yo ______________ a mi familia! Es casi imposible vivir sin ellos.
2. Por lejos que uno vaya, es difícil olvidarse por completo de su ______________.
3. Dicen que es una característica humana ______________ lo mejor del pasado.
4. Aunque sean costumbres muy ______________ a las nuestras, hay que respetarlas y no considerarlas inferiores a las nuestras.
5. A pesar de la poca distancia, la ______________ a otra casa es siempre difícil. El envolver y empaquetar las cosas para que nada se rompa es un trabajo fastidioso.
6. También los ______________ que vivían en el extranjero celebraron al recibir las noticias de que su país había recibido su independencia.

DIÁLOGO Una nueva cultura

radicar vivir, establecer(se)

Rosa y Martín, esposos hispanoamericanos, vinieron a radicar en los Estados Unidos hace unos años. Su primer hijo nació antes de que ellos emigraran. Una noche, conversan con él.

derretir to melt

Rosa Anoche cayó la primera nevada del año. Por lo menos esta vez se quedará en el suelo y no se derretirá. No sé cuándo voy a acostumbrarme a este clima—a sudar en el verano y a tiritar en el invierno. Pero el clima es lo de menos, supongo. Hay otras cosas tanto más difíciles de aceptar.

Martín ¿Todavía extrañas mucho nuestra tierra, Rosa? Yo ya no tanto.

añoranza recuerdo, nostalgia

Rosa Pues es más bien una añoranza que siempre está en el alma. Realmente, uno nunca puede olvidarlo todo.

El hijo Yo casi no me acuerdo ya de nada. Lo que sí sé es que a veces es difícil estar en casa donde todos hablamos español y pensamos de una forma diferente y luego salir afuera donde todos hablan inglés y piensan y se comportan de otra manera.

Martín Desde luego, hijo. Todo ha de ser más difícil para ti. Dime, por ejemplo, ¿qué te preocupa?

El hijo Pues, papá, ya les he dicho esto a ti y a mamá antes. No sé . . . mi amigo Guillermo, que es de aquí, algunas veces me toma el pelo. Es muy bueno, pero le gusta decir cosas. Por ejemplo, cuando ha estado aquí para comer, habla de la comida rara que comemos y me pregunta cómo es que les entiendo a Uds. cuando no hablan inglés. También tenemos tantas costumbres religiosas que no tienen ellos. Ni los muchachos de la escuela parroquial saben lo que es el Día de Reyes que viene el seis de enero cuando comemos ese pan especial y se dan regalos a los niños. Me siento muy diferente . . . no sé cómo explicarlo.

tomar el pelo to kid

Martín Sí, hijito, yo te comprendo. Algún día vas a comprender la suerte que tienes de conocer dos culturas desde niño y haberte criado hablando dos lenguas y conociendo a dos pueblos tan distintos. A ver, Rosa, ¿cuáles fueron las cosas que más te sorprendieron—o te chocaron—cuando nos vinimos para acá?

Rosa Ay, querido, los años borran esas memorias, pero creo que fue el apuro de toda la gente y la aparente indiferencia de todas las personas.

borrar to erase
apuro prisa

Martín Bueno, no te olvides de que fuimos a Nueva York, que es sin duda la ciudad de más ajetreo. Pero tienes razón, en general los hispanoamericanos pensamos que los norteamericanos no son tan corteses. No es que sean descorteses, pero tampoco son un pueblo muy cordial.

ajetreo movement, commotion

Rosa Otra cosa, claro está, como dice él *(indicando a su hijo)* es la comida. Todo el mundo aquí acepta eso de la comida empaquetada y enlatada, que para mí fue tan difícil de aceptar. ¿Te acuerdas del tiempo que pasaba yo en los mercados de verdad, comprando la comida antes de llegar aquí?

Martín Sí, corazón, me acuerdo. También recuerdo que allá tenías a una muchacha para ayudarte en la cocina y aquí no—pero sabes que eso de la comida está cambiando allá también, por lo menos en las ciudades grandes. Ahora hay super-

mercados como los de aquí, aunque mucha gente todavía va a los mercados al aire libre.
Rosa Tienes razón . . . por lo que me escribe mi hermana, la vida allá no es lo que era cuando todavía estábamos en el país.

Nancy y Paul, que son un matrimonio de los Estados Unidos, se establecieron hace unos meses en una capital hispanoamericana. Se van a reunir esta noche con Francisca y su esposo, Alfredo, amigos de habla española, para tomar aperitivos antes de ir al teatro.

perder to miss

Paul ¿Qué horas son? Se está haciendo muy tarde, y ellos no han llegado. ¡Vamos a perder el primer acto de la comedia!
Nancy Cálmate, Paul, Tú sabes que citarse para las siete aquí quiere decir que la gente va a llegar a las siete y media u ocho. Por eso hablan de «hora latina» y «hora americana»; ésta quiere decir la puntualidad, aquélla no. En fin, hay tiempo.
(Después, cuando han llegado los invitados)

defenderse hablar lo suficiente para hacerse entender

Paul Creo que va a ser difícil para mí entender el diálogo del drama. Me defiendo en español, pero otra cosa es entender cuando se habla tan rápido.
Francisca No te preocupes, Paul. Nosotros te ayudaremos. Además, no tienes por qué avergonzarte; estás hablando muy bien. No te olvides que hace solamente cinco meses que estás aquí y mira lo bien que hablas. Tampoco te olvides de que Nancy ya sabía castellano cuando vino por haberlo aprendido en la universidad.

echar piropos to give compliments

Nancy Oigan, quiero contarles algo que me pasó en la calle hoy que todavía me preocupa. Estaba andando de paseo y me senté en una banca de la plaza central para descansar por un momento. Al lado mío se sentó un señor bastante bien vestido y hasta se puede decir elegante. Inesperadamente comenzó a hablarme, echándome piropos sobre mis ojos y mi cabello. ¡Yo casi me muero!
Alfredo Bueno, tú sabes, Nancy, como somos los latinos. Los piropos a las damas forman parte integral de nuestra cultura.

renegar quejar, detestar

Nancy Sí, y créanme que no reniego de esa costumbre; al contrario, me gusta. Pero, vaya, pues . . . prefiero el machismo un poco suavizado y sin que yo sea la víctima.

Paul Y ¿cómo que no me contaste nada de eso? ¿Qué hiciste?

Nancy Pues, ¿qué iba a hacer? Me levanté sin decir nada y seguí caminando. Pobre . . . pensaría que me porté muy grosera, pero creo que fue él el grosero.

Francisca Hiciste bien, Nancy. Algún día te contaré cómo defenderte en esos trances. Lo más probable es que el hombre no haya tenido malas intenciones, pero de seguro era un fresco. No tienes que preocuparte, estando en la plaza central.

trance situación difícil

Paul Esa plaza central de la ciudad es algo muy curioso. Cuando yo paso por ella, siempre me siguen tantos niños harapientos pidiendo limosna. ¿Qué será de ellos? ¿No ayuda el gobierno a alimentarlos?

harapiento in rags
limosna charity, alms

Alfredo Sí, Paul, sí ayuda. Pero ése es un problema muy complejo. Muchos son de veras necesitados, pero otros pertenecen a pandillas organizadas de las barriadas, y son amaestrados por los adultos para mendigar y dar lástima.

pandilla gang, band
barriada slum
mendigar to beg

Paul ¿De veras? ¡Hombre! ¿Quién podría imaginarlo? Realmente a mí me convencen cuando los veo. En fin, en vez de darles monedas, muchas veces les compro un helado o les doy chicles o caramelos, y a juzgar por las sonrisas, parece que están de lo más contentos.

Francisca Ya me lo imagino, pero los que los mandan a la plaza probablemente se quejan al ver los bolsillos vacíos de los niños. *(viendo su reloj)* ¡Hey! Nos debemos ir volando si queremos llegar a tiempo.

Paul De verdad . . . vamos . . . yo manejo; tengo el coche listo. ¿Saben dónde está el teatro?

Alfredo Sí, Paul, te vamos a guiar. Además, sé donde puedes dejar el coche para que los chiquillos te lo vigilen y hasta lo laven si quieres.

Paul Ésa es otra costumbre curiosísima para nosotros . . . ¡que unos chicos se queden cuidando el coche hasta que lo recojas, por una propina! . . . En los Estados Unidos, nadie lo creería . . . pero ¡vámonos!

Preguntas

1 ¿Cuándo nació el primer hijo de Rosa y Martín?
2 ¿Cuáles son las dificultades del niño al tratar de relacionar la cultura hispánica de la casa y la cultura estadounidense que lo rodea?
3 Según el padre, ¿qué ventajas hay en conocer desde niño dos culturas diferentes?
4 Para Rosa, ¿cuáles son los recuerdos más vivos de sus primeros días en los Estados Unidos? ¿Está de acuerdo Martín?
5 ¿Cuáles son algunas de las diferencias en la compra y preparación de alimentos que Rosa y Martín descubrieron en los Estados Unidos?
6 ¿Qué le preocupa a Paul con respecto a la función a la que van a asistir esta noche?
7 ¿Qué le pasó a Nancy en la plaza durante la tarde? ¿Cómo se comportó ella?
8 ¿Cómo explican Alfredo y Francisca lo que le pasó a Nancy?
9 ¿Cuál es la situación de algunos de los niños que piden limosna en la plaza? ¿Qué hace Paul por ellos?
10 Mientras los dueños están en otra parte, ¿cómo protegen sus autos estacionados?

Expansión de vocabulario

I Reemplace las palabras en letra negra con un sinónimo o una expresión parecida.

1 Los Menéndez parecen **una pareja casada** muy feliz.
2 El atleta estaba **transpirando** mucho después de la carrera; se veía el sudor en la frente y la camiseta estaba empapada.
3 El pobre estaba **temblando** de frío.
4 Cuando haya redactado la carta, por favor **tache** los puntos de interrogación en el margen.
5 El hombre no **tiene costumbre de** fumar.
6 Como no tiene dinero, tiene que **pedir limosnas.**

II Exprese el significado de las siguientes palabras e invente una oración que indique su uso.

1 enlatado
2 al aire libre
3 andar de paseo
4 grosero
5 harapiento

Discusión de la fotografía

1 ¿Cuál es la diferencia entre las dos filas de personas?
2 ¿Qué distingue al señor que está en frente de la mujer de la fila derecha de todas las demás personas?
3 ¿En qué lugar se encuentra la gente de la foto?

Posibilidades

1 Tomando el papel de la señora de la fila izquierda o el de la señora de la fila de inmigrantes, entable una conversación con la otra sobre las circunstancias de su vida y su llegada a este puerto de entrada.
2 Imagine el diálogo del agente oficial que atiende a los ciudadanos o el del que atiende a los inmigrantes con alguno de ellos, mientras revisa sus documentos.

Para la discusión oral

1 En su opinión, ¿qué aspectos de la vida de los Estados Unidos resultan más difíciles de comprender o más extraños o graciosos para un extranjero? ¿Por qué?
2 ¿Le gustaría vivir en el extranjero? ¿Es Ud. una persona que se adapta fácilmente a otro ambiente? ¿Qué aspectos de la vida norteamericana echaría Ud. de menos?
3 Si Ud. ha viajado o vivido en otro país, discuta las diferencias culturales más significantes que encontró en aquel país.
4 ¿Podría pasar en los Estados Unidos lo que le pasó a Nancy? ¿Por qué?

Temas de composición

1 Muchos extranjeros que llegan a los Estados Unidos confrontan grandes dificultades, no sólo con el idioma y las costumbres sino también con la resistencia, antipatía y prejuicios del pueblo norteamericano. Por supuesto, lo mismo sucede al revés cuando los norteamericanos van al extranjero. En una composición, exprese su opinión sobre las dificultades de un extranjero en un nuevo país y las formas de superarlas.
2 La xenofobia es el odio o miedo excesivo hacia los extranjeros. En su parecer, ¿cuáles son los factores que contribuyen a la resistencia y al recelo hacia los extranjeros? ¿Qué sucede dentro de una persona que convierte la timidez hacia los extranjeros en xenofobia?
3 Una posible definición del machismo es el culto de la masculinidad o virilidad por parte de los hombres. Es una parte integral de la cultura de habla española que tiene sus raíces en la España de tiempos remotos y se manifiesta, entre otras cosas, en el dominio que puede ejercer un hombre sobre una mujer o en el orgullo que siente un padre de haber procreado una familia numerosa. ¿Piensa Ud. que existe una especie de machismo en los Estados Unidos? ¿Cómo se manifiesta si realmente existe, y cuáles son los resultados?

CAPÍTULO 22
BUSCANDO UN APARTAMENTO

VOCABULARIO ÚTIL

estar comprometido haber celebrado un acuerdo para casarse
el (la) prometido(a) persona con quien alguien está comprometido
el noviazgo período antes de casarse
el matrimonio pareja que se ha casado
el casamiento acto de casarse
la boda celebración del casamiento
el (la) novio(a) persona que se casa
recién casado que se casó hace poco
el padrino testigo de la ceremonia religiosa de la boda
las damas cortejo de jóvenes mujeres que acompañan a la novia
el (la) inquilino(a) el (la) que paga renta
la luna de miel viaje de los novios después de casarse
alquilar pagar renta en vez de comprar la residencia
el alquiler cantidad que se paga mensualmente para alquilar una casa o un apartamento, la renta
el anticipo dinero que se da para garantizar la intención de comprar o alquilar
el depósito suma de dinero que se paga al firmar un contrato de arrendamiento
el piso apartamento que ocupa un nivel entero de un edificio; «floor,» «story»
la distribución arreglo de cuartos
la planta baja piso al que se entra de la calle
el primer piso piso situado encima de la planta baja

el sótano parte subterránea de un edificio
el desván parte más alta de una casa debajo del tejado
la calefacción sistema para calentar
el aire acondicionado sistema para refrescar
enchufar establecer una conexión eléctrica
el enchufe conexión eléctrica
la cocina estufa; cuarto donde se preparan los alimentos
la lavadora de platos aparato para lavar los platos
la hipoteca dinero que se paga para amortizar una casa o un negocio
el toldo material que se usa para cubrir una terraza o un patio para dar protección del sol o de la lluvia
modernizar adaptar un lugar a las necesidades de la vida actual
renovar arreglar algo viejo para que luzca nuevo

el fusible fuse

Ejercicios de vocabulario

I Complete cada oración con la forma apropiada de una palabra de la lista.

comprometido | enchufar
anillo de compromiso | renovar
alquiler

1 Él le compró un bonito ______________; es simple pero elegante—tiene solamente un diamante.
2 Los señores quieren ______________ la casa, pero antes quieren ver los diferentes precios que los contratistas ofrecen.
3 ¡Cómo han subido los ______________ últimamente! Están por las nubes.
4 Mi hermano está ______________ con una médica; piensan casarse el mes entrante.
5 No puedo ______________ esta lámpara. El enchufe está torcido y el cordón no alcanza, aún con la extensión.

II Complete el siguiente párrafo con expresiones escogidas de la lista.

planta baja | distribución
desván | sótano
casa de dos pisos

El arquitecto tiene en su mesa los planos de la casa que ha diseñado. Va a ser una ______________ con los dormitorios arriba y los otros cuartos en la ______________. El ______________ va a ser mitad taller y mitad sala de recreo. Arriba, encima del segundo piso, ha diseñado un estudio a un lado y el ______________ al otro. Para este arquitecto, lo más importante es diseñar una casa que tenga una ______________ conveniente y agradable.

DIÁLOGO Buscando un apartamento

María y Esteban acaban de volver de su luna de miel. Suben en el ascensor de un edificio de apartamentos para ver el apartamento que salió anunciado en el periódico de la mañana. El gerente los espera.

Esteban ¡Qué cambio tan abrupto! Anteayer estuvimos descansando en la playa; hoy hay que ver lo del apartamento.

María Qué lindo fue el viaje, ¿no? No sólo por haber sido nuestra luna de miel, el viaje de por sí fue estupendo. Pero ¿qué dijiste que pasó con el apartamento que vimos antes de la boda y que íbamos a tomar?

de por sí in itself

Esteban Oye, ¡cómo me he enfadado con eso! El gerente dijo que nos iba a guardar el apartamento y que no requería ningún depósito, pero cuando lo llamé, dijo que ya lo había alquilado.

María Bueno, no es para tanto . . . y si el anuncio de éste que vamos a ver es correcto, ha de ser mejor que el otro. El gerente nos espera adentro.

ha de ser debe ser

Esteban *(al salir del ascensor)* Me gusta el arreglo del corredor; por lo menos no parece hotel. Cada entrada tiene su umbral particular.

(Después de entrar y hacer las presentaciones, el gerente los lleva por el apartamento.)

Gerente . . . y aquí tienen el dormitorio principal que, como ven, está muy bien situado al otro extremo de la cocina, comedor y sala. Lo bueno también es que tiene un baño particular para Uds. dos. Y si tienen hijos, ellos también tienen el suyo al lado del otro dormitorio que acabamos de ver.

María Bueno, no tenemos niños todavía, pero está bien lo que nos muestra. A ver en el futuro. . . . Pero sí admiten matrimonios con hijos, ¿verdad?

Gerente Cómo no . . . lo único que prohibimos es tener animalitos, perros en particular. Aunque no se oye el menor ruido de los vecinos con estas paredes tan gruesas, hemos tenido demasiadas quejas y no podemos admitirlos. Además . . . muerden.

grueso thick

morder to bite

Esteban Bueno. Mira, María, hay enchufes en

todos los lugares necesarios . . . y aquí un closet con estantes para las sábanas . . . y de las ventanas, una linda vista del jardín botánico.

estante shelf
sábana sheet

Gerente Volvamos al otro extremo, pero vean primero el baño de azulejos modernizado; tiene ducha, bañera . . . todas las comodidades. (*caminando por el corredor*) Aquí también hay otros closets; uno para la ropa, otro para la escoba y la aspiradora y qué sé yo qué más. No falta el espacio.

azulejo tile
bañera tub
aspiradora vacuum cleaner

María Se siente uno aquí tan libre. Estas ventanas corredizas del suelo al techo son maravillosas, y la terraza . . . es más como una casa que un apartamento. Apenas se ve que uno está en la ciudad.

corredizo que se desliza

Gerente Es verdad, y como estamos en el décimo piso, casi no nos llega el ruido de la calle, aun con la ventana abierta . . . fíjese Ud. Y si les gusta la jardinería, pueden tener una terraza muy linda con flores, enredaderas, helechos . . .

enredadera vine
helecho fern

María Ven, Esteban, y mira el comedor y la cocina.

Gerente La cocina es completamente eléctrica; se acaban de hacer las renovaciones. La lavadora automática al lado del fregadero . . . refrigerador . . . ventilador . . . y una estufa eléctrica.

fregadero sink

Esteban Me gustan mucho los colores de las paredes. ¿Quién los escogió?

Gerente Tenemos un decorador de interiores a quien consultamos antes de arreglar cualquier apartamento desocupado.

Esteban ¿Podríamos hablar a solas un momento?

Gerente Por supuesto. Yo los espero allí en la terraza.

Esteban ¿Qué piensas, María? A mí me gusta mucho.

María A mí también. La distribución del piso es excelente para los muebles que ya compramos y poco a poco iremos añadiendo más. ¿Sabes si hay contrato? Debemos preguntar y acuérdate de que el periódico no especificó el precio.

contrato lease

Esteban Ya sé; casi tengo miedo de preguntarle cuánto es. Bueno, vamos a ver y si es menos de trescientos pesos, lo tomamos . . . ¿qué te parece?

María De acuerdo . . . mira, ¿qué está haciendo él?

Te apuesto . . . pensamiento I'll bet he has read our thoughts

Esteban Ha sacado unos papeles y está escribiendo . . . tal vez sea el contrato. Te apuesto a que nos ha adivinado el pensamiento.

Preguntas

1 ¿Dónde pasaron María y Esteban su luna de miel? ¿Cómo fue el viaje?
2 ¿Qué sucedió con el apartamento que querían alquilar antes de casarse?
3 Describa la apariencia del corredor. ¿Por qué le impresiona a Esteban?
4 ¿En qué sentido es muy útil y buena la distribución del piso?
5 ¿Cuáles son los reglamentos del edificio en cuanto a los animales? ¿Por qué han decidido imponer tales reglas? ¿Está Ud. de acuerdo con ellas?
6 ¿Hay bastante lugar en el apartamento para guardar las cosas? ¿Dónde?
7 ¿Cómo son las ventanas de la sala? ¿Hacia dónde se abren?
8 ¿En qué han consistido las renovaciones de la cocina?
9 ¿Quién planea el arreglo de un apartamento antes de rentarse?
10 ¿Por qué quiere el matrimonio consultar a solas? ¿Qué deciden?

Expansión de vocabulario

I Conteste si la oración es verdadera o falsa. Si es falsa, cámbiela por una verdadera.

1 La luna de miel es el viaje que hacen los que han ganado el premio gordo en la lotería.
2 Cuando uno alquila un apartamento, muchas veces tiene que dar un depósito.
3 Cuando se descompone seriamente el fregadero, hay que llamar a un plomero.
4 La lavadora de platos es muy útil en la cocina para batir huevos.
5 En general, si un apartamento está amueblado, el alquiler es menor que cuando está sin muebles.

II De la lista B, escoja el mejor complemento a la primera parte de la oración en la lista A.

	A		B
1	El aire acondicionado	1	está cubierto de hojas secas.
2	Si vamos a modernizar la cocina	2	han ocultado casi por completo el toldo.
3	Los muebles antiguos	3	sólo sale agua muy fría; la llave para la caliente está descompuesta.

4 El contrato
5 Los inquilinos
6 De la ducha
7 El anuncio
8 El patio
9 La aspiradora
10 Las enredaderas

4 va a salir en el periódico mañana por la mañana.
5 no tiene la capacidad necesaria para un día tan caluroso.
6 hace mucho ruido.
7 necesitaremos un préstamo del banco.
8 impone muchas restricciones.
9 cuestan más que los nuevos cuando son verdaderas antigüedades.
10 tienen también sus derechos porque tienen que vivir en el apartamento.

Discusión de la fotografía

1. ¿Para qué servirán las cajas de cartón que están contra la pared del fondo?
2. ¿Cómo están vestidas las dos personas? ¿Qué indica esa indumentaria sobre sus planes?
3. ¿Qué clase de refresco están tomando?
4. Por el momento, ¿qué sirve de mobiliario en el apartamento?

Posibilidades

1 Tomando el papel del señor o el de la mujer, invente una conversación que va a tomar lugar entre Uds. dos tan pronto se acabe la llamada telefónica.
2 Imagine la conversación telefónica entre el hombre y la otra persona, quienquiera que sea.
3 Imagine la conversación que tomó lugar entre estas personas y el agente que les mostró el piso por primera vez.

Para la discusión oral

1 Discuta los problemas que casi siempre se presentan en la búsqueda de un nuevo apartamento.
2 En su opinión, ¿cuáles son las comodidades indispensables que Ud. ha buscado o buscaría en un apartamento o en una casa? ¿Cuáles son las comodidades de las que Ud. podría prescindir?
3 ¿Preferiría Ud. vivir en un apartamento o en una casa particular? ¿Por qué?

Temas de composición

1 Describa su casa o apartamento en una carta a un amigo o pariente que nunca lo haya visto.
2 Escriba Ud. dos anuncios para un periódico. El primero anuncia un apartamento que se puede alquilar. El segundo anuncia una casa que se puede comprar.
3 Escriba una carta a la compañía de mudanzas quejándose de su mal servicio.

VOCABULARIO ÚTIL

matricularse inscribirse en una escuela o universidad
la matrícula acto de inscribirse; cantidad de dinero que se paga para matricularse
la asignatura curso
el profesorado conjunto de profesores
el alumnado conjunto de alumnos
el catedrático profesor universitario
el decano cabeza de una facultad
el rector cabeza de una universidad
la ciudad universitaria, la universidad local de la universidad; «campus»
la residencia estudiantil edificio donde viven los estudiantes
el aula sala de clase
la conferencia lección en voz alta; «lecture»
el (la) conferenciante persona que da una conferencia
el (la) oyente estudiante que asiste a una clase pero no recibe crédito
el requisito curso obligatorio
recibirse, graduarse terminar los estudios y titularse
aprobar, salir aprobado salir bien en un examen o en un curso
suspender, recibir un suspenso, reprobar salir muy mal en un examen o en un curso, fracasar
aplicado que estudia mucho

el estudiante del primer año freshman
el estudiante del segundo año sophomore
el estudiante del tercer año junior
el estudiante del cuarto año senior
la licenciatura B.S. or B.A.
el doctorado Ph.D.
la calificación, la nota grade
investigar to (do) research
el trabajo paper, report
el atril lectern
tomar (dar, sufrir) un examen, examinarse to take an examination
la facultad de derecho law school
la facultad de medicina school of medicine
la facultad de filosofía y letras school of humanities
la huelga estudiantil student strike
quemarse las pestañas to cram, burn the midnight oil

escolástico
escolar
académico
el curso graduado

Ejercicios de vocabulario

I Complete cada oración con la forma apropiada de una palabra de la lista.

recibirse
profesorado
requisito
facultad de derecho
año escolar
oyente
rector
quemarse las pestañas
matricularse
asignatura

1 Miguel ________ de ingeniero el año pasado, pero ahora quiere continuar con los estudios graduados.
2 El número de solicitudes para la ________ es casi el doble de hace dos años. Hay muchos que quieren ser abogados.
3 En los Estados Unidos, el ________ comienza en septiembre y termina en mayo o junio.
4 Todo el mundo quiere saber quién va a ser el próximo ________ de la universidad.
5 Él sólo estudia de ________; no espera recibir crédito.
6 —¿Cuántas ________ tienes?
—Cuatro: español, historia, lingüística y pedagogía.
7 Tuve que ________ anoche. ¡Ojalá hubiera estudiado durante el semestre!
8 El ________ de la academia es de veras internacional; conozco a un profesor francés, a un peruano y a un japonés.
9 Todavía no he llenado los ________ para poder tomar esta clase avanzada.
10 Tantos estudiantes ________ en este curso que va a ser necesario pedir una sala de conferencia.

II Identifique.

1. El lugar donde uno estudia para hacerse médico
2. El que tiene la responsabilidad de tomar la última decisión en una facultad
3. El lugar donde los estudiantes pueden vivir si su casa está lejos
4. El dinero que se paga para estudiar
5. El jefe de una universidad

DIÁLOGO Los estudiantes

Gabriel, Manuel y Rosa están saliendo de una sala de conferencias en una universidad hispanoamericana cuando de pronto alguien tropieza con Manuel, haciendo que sus apuntes caigan al suelo.

agacharse to bend over

pila fuente

profe profesor *(colloquial)*

andar metido en to be involved in

Manuel ¡Qué va! *(agachándose para recoger el cuaderno)* Estos brutos salen como unos toros del toril, empujando y codeando. Por lo menos las páginas no se desprendieron. Vamos a sentarnos en la pila del patio un momento hasta que se vayan todos.

Rosa ¿Qué piensan Uds. de la conferencia de hoy? A mí me gustó; el profe sabe relacionar tantos elementos que todo se entiende.

Gabriel Sí, en general, sí. Pero no entendí eso de las causas de la guerra. Yo siempre pensé que se trataba de razones políticas y no económicas.

Rosa No lo entendiste porque perdiste la clase de anteayer cuando nos habló de eso. Si quieres, te presto mis notas para que las copies.

Gabriel Gracias. Perdí la clase el otro día porque tuve que ir a la oficina central para aclarar un problema. Resulta que en un curso de comercio internacional que tomé el año pasado, me dieron una nota equivocada. ¡Nada menos que reprobado! Pero todo se resolvió.

Manuel Gabriel, tú siempre andas metido en una dificultad u otra. ¿Cuándo te vas a entregar en serio a los estudios?

Gabriel Un día de éstos, ya vas a ver. Pero, fíjense . . . ¿ya vieron el aviso? Mañana hay huelga de los de derecho y quieren nuestro apoyo. ¿Y ahora por qué será?

estar en leyes estar en la Facultad de Derecho

Rosa Ah, sí . . . mi amiga Ana que está en leyes me contó algo, pero no creía que fuera tan serio como para declarar huelga. Dijo que se iba a organizar una protesta contra el nuevo reglamento de la administración sobre los requisitos para graduarse. Parece que el decano decidió aplicarlo a los estudiantes de 2°, 3°, 4°, en lugar de empezar con los que inician la carrera de hoy en adelante.

Manuel ¿Saben si nosotros también vamos a la huelga para apoyarlos?

Rosa No, todavía, pero Uds. saben lo que pasa. Hay grupos que simpatizan con cualquier queja y me imagino que se saldrán con la suya.

salir(se) con la suya to get one's own way

Gabriel Estupendo . . . si no hay clases mañana, iré a la playa.

Manuel Pero si ya hemos perdido tantos días este año—primero la huelga contra las condiciones de la biblioteca, luego la de apoyo para los obreros, después la de protesta contra la censura del periódico estudiantil . . . por esto y lo otro que uno no se acuerda de las causas.

Gabriel Sí, pero ¿no crees que es mejor así que una apatía general?

Manuel Tal vez, pero tiene que haber un punto medio—un equilibrio. Además no puedo creer que cada vez que los estudiantes dejan de asistir a clases sea por convicción. A veces la pura pereza juega un papel.

Rosa Eres un poco cínico, Manuel, pero hasta cierto punto tienes razón. Cambiemos de tema antes que peleen Uds. dos. ¿No les apetece un jugo o un expreso? A mí, sí. Vamos. Ya para la tarde vamos a saber lo de mañana.

un expreso café expreso

Gabriel Vamos . . . yo convido. Ya me veo en la playa.

Manuel Sinvergüenza . . . pero tal vez yo te acompañe.

Preguntas

1. ¿Cómo se cayó el cuaderno de Manuel?
2. Según Rosa, ¿por qué es bueno el profesor?
3. ¿Por qué está confundido Gabriel sobre las causas de la guerra?
4. ¿En qué consistía el problema de Gabriel en la oficina central?
5. ¿Qué le llama la atención a Gabriel en el patio?
6. ¿Cómo se enteró Rosa de la situación en la Facultad de Derecho?
7. ¿En qué se basa el descontento de los estudiantes de derecho?
8. ¿Son fuertes los grupos de simpatizantes en las otras facultades?
9. ¿Cuáles han sido otros motivos de huelgas durante el año en curso?
10. Explique el cinismo de Manuel en cuanto a la sinceridad de muchos estudiantes.

Expansión de vocabulario

I Reemplace las palabras en letra negra con un sinónimo o una expresión parecida.

1. El patio tiene muchos toques coloniales, especialmente la pequeña **fuente** en el centro.
2. El presidente está contando con **la solidaridad** de sus antiguos amigos.
3. Los hijos de los Alonso siempre **reciben lo que quieren.**
4. **Algún día** el hombre va a dejar de fumar.
5. ¿Qué dice aquel **anuncio** pegado a la pared?
6. El nudo del paquete **se ha aflojado.**
7. ¡Basta! **Hablemos de otra cosa.**
8. Esos vecinos siempre están **riñendo** sobre la cerca que uno de ellos construyó.
9. Y ¿nunca ha trabajado ese hombre? Pero, qué **bribón** debe ser.
10. Desgraciadamente, **no pasé** el examen de botánica.

Discusión de la fotografía

1. ¿Cómo están vestidas las personas?
2. ¿Qué diferencia hay en la manera de vestir de estos estudiantes en comparación con los estudiantes universitarios norteamericanos?
3. ¿Qué hay en el centro del patio?
4. ¿Qué diferencia hay en la arquitectura de esta universidad y la de la mayoría de las universidades norteamericanas?

Posibilidades

1. Como si Ud. fuera uno de los estudiantes del grupo que se ve en primer término, imagine la conversación que está tomando lugar entre Ud. y sus amigos.
2. Imaginando que el joven que camina solo hacia la cámara, a la derecha de la fotografía, va ahora a consultar a uno de sus profesores, prepare un diálogo entre él y el catedrático.
3. Suponiendo que Ud. fuera el rector o un decano de esta universidad, invente una charla a solas entre Uds. dos sobre la universidad en general o algunos problemas en particular.

Para la discusión oral

1 ¿Qué asignaturas además de este curso tiene Ud. este semestre? ¿Cuál le gusta más y cuál menos? ¿Por qué?
2 ¿Qué aspectos le gustan o no le gustan de la escuela o universidad donde Ud. estudia?
3 ¿Piensa Ud. que el estudiante debe buscar un equilibrio entre los estudios y el recreo? ¿Cómo puede hacerlo? ¿Lo hace Ud.? ¿En qué se distrae?
4 Describa Ud. el curso que más le haya gustado. ¿Qué lo hizo tan inolvidable?

Temas de composición

1 Como el péndulo del reloj, y a veces como función de las necesidades de la economía, las opiniones sobre el valor del estudio universitario han rebotado de un extremo al otro: por un lado si es más importante la preparación cultural y humanista del individuo o, por el otro, si predomina la preparación profesional para posibilitar la entrada a un empleo después de graduarse. ¿Qué posición toma Ud. en esta cuestión? ¿Qué factores deben guiar al estudiante en sus estudios? ¿Qué podría suceder si uno de estos extremos sobrepasara al otro en grado excesivo?
2 ¿Piensa Ud. que sea necesaria una «educación» universitaria? ¿Por qué? Si no la considera Ud. necesaria, explique sus razones.
3 Prepare un ensayo en que Ud. exponga y analice lo que considera las características esenciales de un buen profesor.
4 Las universidades hispanoamericanas tienen una tradición muy antigua en cuanto al papel de los estudiantes en las decisiones y administración de las instituciones. Casi siempre el alumnado ha gozado de mayor poder que en las universidades de los Estados Unidos. En su opinión, ¿hasta dónde deben llegar el papel y el poder de los estudiantes en las escuelas superiores y en las universidades de este país? ¿En qué decisiones deben los estudiantes participar y en cuáles no? Defienda su razonamiento.

CAPÍTULO 24
LOS DEPORTES

VOCABULARIO ÚTIL

el (la) atleta persona que practica ejercicios o deportes
el atletismo práctica de los ejercicios atléticos
el (la) deportista persona aficionada a los deportes
deportivo relativo al deporte
jugar a participar en un juego
el (la) jugador(a) persona que juega
el árbitro juez que decide e impone reglamentos en un juego deportivo
el equipo conjunto de jugadores
el estadio lugar grande para los espectáculos deportivos, «stadium»
la cancha terreno o área especial para jugar; «field,» «court,» «course»
el gimnasio lugar para practicar la gimnasia

el marcador scoreboard
los tantos score
apuntar los tantos to keep score
el juego game
la jugada play
el partido game; match
la partida table game; match (chess, checkers)
el torneo tournament
la competencia competition
el campeonato championship
el campeón champion
el trofeo trophy; victory
el castigo penalty
la red net
la asistencia attendance
entrenar to train, to practice
el entrenamiento training
el entrenador trainer
empatar to tie
el empate tie

El fútbol

el fútbol soccer
el fútbol americano football
el gol goal
la pelota, el balón ball
la patada kick

El tenis

la cancha de tenis court
la raqueta racket

El béisbol

el bateador batter, hitter
el pícher pitcher
el bat bat
el jonrón home run
la base base

El boxeo

el boxeador, el pugilista boxer
pelear to fight
la pelea fight; match
golpear to hit, to strike
los guantes gloves
la lona mat, canvass
el nocaut knockout
las cuerdas ropes
el ring ring

La olimpiada

la carrera race; running
el maratón marathon
el ciclismo bicycle riding
el salto de longitud broad jump
el salto de altura high jump
la natación swimming
la lucha (libre) wrestling
el remo rowing
la esgrima fencing

La corrida

la corrida, el toreo bullfighting
torear to bullfight
el (la) torero(a) bullfighter
la plaza de toros bullring
la capa cape
la espada sword

Deportes individuales

la caza hunting
la pesca fishing
la gimnasia gymnastics
levantar pesas to lift weights
el ajedrez chess
las damas checkers
las cartas, los naipes cards
el buceo diving; skin-diving

atlético
la defensa
la ofensa
la liga
las infracciones
el (la) espectador(a)
el (la) aficionado(a)
ser aficionado a

Ejercicios de vocabulario

I Complete cada oración con la forma apropiada de una palabra de la lista.

equipo
árbitro
tantos
jugada
entrenamiento
cancha de tenis
torear
ciclismo
jugar al ajedrez
empate

1 —¿Quién ganó el partido de ayer?
—Ganó Argentina; los ________ fueron diez a ocho.
2 La corrida comienza a las cuatro. ¿Quién ________ hoy?
3 Esta noche va a llegar nuestro ________ después de su triunfo en Venezuela. Le espera una gran bienvenida en el aeropuerto.
4 El ________ es parte de la olimpiada y se ha hecho muy popular en estos días.
5 El club decidió comprar más terreno para hacer dos nuevas ________.
6 La destreza del atleta indica un ________ cuidadoso.
7 Muchos espectadores estaban silbando porque no estaban de acuerdo con la decisión del ________. Inclusive algunos incendiaron los cojines.
8 Hubo ________ de los dos equipos anoche. Por eso van a jugar de nuevo hoy.
9 ¿No te gusta ________? Es un juego de concentración y pensamiento.
10 La ________ de Pelé determinó la victoria para el equipo de Nueva York.

II Conteste si la oración es verdadera o falsa. Si es falsa, cámbiela por una verdadera.

1 El remo es un deporte que se practica en el gimnasio.
2 El boxeo generalmente atrae sólo a los más fuertes como participantes.
3 Si dos equipos están empatados, se ha decidido la victoria.
4 Jugar a las damas es algo que casi siempre se hace en un estadio.
5 La plaza de toros es un lugar ideal para ver el valor y la destreza de un hombre o de una mujer.

III Explique la diferencia entre cada una de las siguientes palabras.

1 el «soccer» y el fútbol americano
2 el boxeo y la lucha libre
3 la natación y el buceo
4 la carrera y el salto
5 la pesca y la caza

DIÁLOGO Entrevista con un futbolista

Después de un partido de fútbol, un reportero deportivo hace una entrevista a Daniel Roca, jugador del equipo victorioso.

Reportero ¿Y qué hay del partido de hoy? Muy violento, ¿no le parece? Realmente algo sin precedente . . .

primer tiempo first half

rematar to complete the move

extremo end

armarse la bronca empezar la pelea

derechazo golpe con la mano derecha

desquitarse to get even

Nunca . . . golpearme I certainly never thought he would hit me

bochornoso awful, embarrassing

Daniel Sí . . . y ¡qué rabia! Fue durante el primer tiempo cuando el partido había alcanzado un grado hirviente. Un centro del otro equipo quiso rematar y chocó conmigo. Los dos rodamos por el suelo. Arriba uno de ellos empujó al extremo nuestro y se armó la bronca. Todos corrieron con las manos en guardia. Entonces, el bruto ése de los contrarios se dejó venir . . . caminó contra mí, como midiendo el golpe que me iba a dar y lanzó un derechazo con el puño bien cerrado.

Reportero Así lo vimos todos. Lo derribó, pero en cuanto se puso de pie, se desquitó Ud. con otro puñetazo que le sacó sangre a ese tipo. ¡Qué confusión!

Daniel Es verdad, pero por fortuna todo culminó ahí. Después reaccionamos con cordura. De cualquier manera, lo ocurrido fue trágico. Eso no lo hace un deportista, menos un individuo que tiene dignidad. Es incalificable su actitud. Es cierto que me fui contra él, pero le digo que se lo merecía, porque estaba actuando como un villano. Nunca creí que fuera a golpearme, y menos en esta forma tan brutal. Pero son cosas del fútbol—me sucedió a mí, como pudo haber sido otro. No me lo busqué. Lo que sí sé es que debe existir un mayor control en esta plaza; siempre sucede algo bochornoso. Por mi parte, todo está olvidado. No hablemos más de eso.

Reportero Cierto . . . cierto. Y para cambiar de tema, Sr. Roca, Ud. lleva años dedicado al fútbol profesional y su éxito ha sido mayor con cada año que pasa. En vista de su edad, ¿cómo explica esto?

Daniel Gracias. Yo creo que para ser buen futbolista, son imprescindibles dos condiciones simultáneas: condición física y técnica futbolística. Ninguna de las dos cualidades sirve si la otra no se posee.

Reportero ¿Y qué hace Ud. para mantenerse en buena condición?

Daniel Nunca he dejado de entrenar. Lo hago diariamente desde que tenía diez años. Durante la temporada no hay problema, pero aun en los otros meses me levanto a las ocho a trabajar en el gimnasio o en el campo. Ya es una costumbre.

Reportero ¿Cómo entrena?

Daniel Bueno, hago gimnasia en general con

ejercicios especiales para el abdomen, los brazos y las piernas. Practico algo de pesas. Luego juego tenis con mis hijos y corro con mis perros. Todo ello al aire libre y con el único fin de mantenerme en forma para jugar cuando empieza la competencia. Creo que lo haría aunque no fuera jugador; para mí ya es una necesidad.

Reportero ¿Y la dieta?

Daniel Claro . . . es tan importante como los ejercicios. Como mucho, pero es dieta muy alta en proteína.

Reportero ¿Qué nos dice Ud. de los próximos juegos para el campeonato en Barcelona? Uds. contra los argentinos y los brasileños . . .

Daniel Ah . . . es una pregunta muy difícil.

Preguntas

1. ¿Quién es Daniel Roca?
2. ¿Qué hizo el centro del equipo contrario? ¿Cuándo ocurrió?
3. ¿Qué hizo el jugador de los contrarios que salió al campo de juego?
4. ¿Cómo reaccionó Daniel en cuanto se puso de pie después de caer?
5. ¿Fue lesionado el otro? ¿Cómo?
6. ¿Cómo justifica Roca su reacción?
7. ¿Qué piensa él de las autoridades o árbitros del campo donde el incidente ocurrió?
8. Según Daniel, ¿cuál es el secreto para ser jugador sobresaliente?
9. ¿En qué consiste su rutina de ejercicios?
10. ¿Cómo cuida él su régimen?

Expansión de vocabulario

I De la lista B, escoja el mejor complemento a la primera parte de la oración en la lista A.

	A		B
1	Después del partido	1	provee la energía necesaria para el crecimiento.
2	El equipo de Colombia	2	merece el campeonato, porque no ha perdido ni un partido.
3	El entrenamiento del atleta	3	derribó al boxeador en el quinto «round.»
4	Una dieta de proteína	4	es rigoroso y duro.
5	El puñetazo a la barba	5	los jugadores se ducharon.

II De la lista B, escoja la expresión sinónima a las palabras en la lista A.

	A		B
1	sin precedente	1	pegar
2	derribar	2	sinvergüenza
3	cordura	3	afuera
4	villano	4	tumbar
5	golpear	5	inaudito
6	al aire libre	6	prudencia

Discusión de la fotografía

1 ¿Cómo se puede distinguir a los miembros de los dos equipos?
2 ¿Qué ha pasado al jugador que se ve en la esquina izquierda inferior de la fotografía?
3 ¿Hay alguna indicación de que esté herido?
4 ¿Qué evidencia hay de que éste es un partido muy popular?

Posibilidades

1. Como si Ud. fuera el jugador que se cayó u otro del mismo equipo, invente una conversación entre Uds. dos después del partido sobre lo que ha pasado hoy.
2. Invente un diálogo entre dos espectadores sobre el juego de hoy y la jugada que aparece en la fotografía.
3. Suponiendo que el árbitro tiene que intervenir para decidir algo sobre esta jugada, cree un diálogo entre él y un miembro de cada equipo.

Para la discusión oral

1. ¿Cuál es su deporte predilecto? ¿Por qué?
2. ¿Qué hace Ud. para mantenerse en buena condición física? ¿Qué debe hacer?
3. ¿Qué piensa Ud. de la participación de las mujeres en los deportes de competencia? ¿Deben participar con los hombres en deportes de contacto físico y a veces brutal—el fútbol, por ejemplo? ¿Por qué?
4. ¿Cree Ud. que las escuelas y universidades norteamericanas deben patrocinar los deportes de competencia? ¿Por qué?

Temas de composición

1. Para muchos, la corrida de toros—espectáculo típicamente hispano—es una diversión cruel. Para otros, es una fina función que combina el aspecto visual, de color y coreografía, con la exaltación del juego entre una bestia y un ser humano que requiere de movimientos precisos y valentía para manejarla. ¿Cuál es su opinión?
2. Algunos deportes desarrollan ciertas partes del cuerpo humano; otros contribuyen a un desarrollo armónico de todo el sistema muscular. ¿Cuáles en su opinión son los deportes más completos desde el punto de vista de la salud y armonía del organismo?
3. Discuta el efecto que puede tener el sentido de competencia deportiva en la educación del adolescente. ¿Es un efecto positivo o negativo? ¿Por qué?

CAPÍTULO 25
LAS GENERACIONES

VOCABULARIO ÚTIL

envejecer(se) hacer(se) viejo
el envejecimiento proceso de envejecer
la vejez etapa vieja de la vida
madurar crecer en edad y sabiduría
la madurez período de la vida entre la juventud y la vejez
la juventud edad entre la niñez y la madurez
la niñez edad hasta la juventud
criar educar a un niño en la familia
la crianza acto de educar a un niño
jubilarse, retirarse dejar el trabajo para gozar de la vejez
la jubilación, el retiro acción de dejar el trabajo
el (la) viudo(a) hombre o mujer cuyo cónyugue se ha muerto
la viudez estado de ser viudo

arrugar to wrinkle
la arruga wrinkle
los achaques de la vejez indispositions and infirmities of old age
el bastón cane
vivo keen, spry
mayor de edad (of) legal age; adult
menor de edad under age
el recuerdo memory
la soledad loneliness, being alone
la renta income, rent

el (la) adulto(a)
el (la) adolescente
la adolescencia
la infancia
la pubertad
la pensión
los abuelos maternos
los abuelos paternos
senil
la senilidad

Ejercicios de vocabulario

I Identifique.

1 Lo que se usa para apoyarse al caminar
2 Los padres de su madre
3 La pérdida de las facultades mentales en la vejez
4 El acto de dejar el trabajo, alrededor de los sesenta y cinco años
5 El período de la vida cuando uno tiene unos cinco, seis o siete años

II Complete cada oración con la forma apropiada de una palabra de la lista.

envejecimiento	arrugar
criar	mayor de edad
adolescencia	soledad
pensión	vivo

1 Nací en Arequipa, pero a los dos años mis padres se mudaron a Lima donde me ________.
2 El período de ________ se considera el más difícil tanto para los padres como para los hijos.
3 Cuando se le murió su esposo, la señora resolvió enfrentar su ________ con el valor característico de su personalidad.
4 Los ________ tienen el derecho al voto.
5 La compañía anunció un aumento en la ________ de sus empleados jubilados para ajustarla a la subida de precios.
6 Estoy convencido de que el proceso del ________ se acelera si uno no cuida tanto el espíritu como el cuerpo.
7 Por favor, Ud. va a ________ la foto si no la trata con más cuidado.
8 Aunque mi abuela tiene unos ochenta años, es muy ________ y siempre está de buen humor.

DIÁLOGO La anciana y el niño

Miguelito, niño de ocho años, conversa con su abuela sobre la vida.

Miguelito Pero mira, abuelita, tú me dices que en aquella época las cosas eran tan diferentes. No comprendo a qué te refieres.

Abuela Vaya, pues, hijito; tienes que creer lo que te digo. Por ejemplo, ahora tus padres te dejan ver la televisión hasta las nueve o las diez. Cuando yo tenía tu edad, tu bisabuela—mi madre—me mandaba a acostar a las ocho a más tardar. Es sólo un ejemplo. Los padres de hoy son más indulgentes.

bisabuela great-grandmother
a más tardar lo más tarde posible

Miguelito Pero abuela, ya me doy cuenta que no tenían tele hace tantos años, pero no puedo creer que te dormías a las ocho.

tele televisión

Abuela Yo te dije que mi madre me mandaba a que me acostara . . . no que me durmiera. Oye, te voy a contar un secreto. Entre mi dormitorio y el de mi hermana, a quien nunca conociste porque falleció joven, había una puerta. Me parece que como me llevaba seis años la dejaban hacer lo que quisiera. En la noche, después que mis padres me arropaban en la cama, me pasaba a su cuarto a hurtadillas para platicar o leer a mis anchas.

fallecer morir
como . . . seis años como ella tenía seis años más que yo
arropar en la cama to tuck in
a hurtadillas sin que nadie lo supiera
a mis anchas to my heart's content

Miguelito ¿Y nunca se descubrió lo que hacías? Pero ¡qué traviesa eras!

Abuela Sólo una vez que la criada entró y nos sorprendió, pero como era tan buena, no nos delató. Oye, te llama tu mamá para que te vayas a acostar.

delatar to inform, tattle

Miguelito Buenas noches, abuelita. Que sueñes con los angelitos.

Abuela *(besándole)* Y tú también. Nos vemos mañana. Oye, no le cuentes nada a tu mamá. Es nuestro secreto. ¿De acuerdo?

Miguelito De acuerdo, abuela. Cuánto me gustan los secretos. Hasta lueguito . . . hasta mañana.

Preguntas

1. ¿Cuántos años tiene Miguelito? ¿Por qué no está convencido de lo que le cuenta su abuela?
2. Según la abuela, ¿cuál es la prueba de que los padres de hoy son más indulgentes con los niños?
3. ¿Por qué le es difícil a Miguelito creerle a su abuela a qué hora se acostaba de niña?
4. ¿Cuál es el secreto que le cuenta la abuela a su nieto? ¿Alguna vez se descubrió el secreto? ¿Qué pasó?
5. ¿Qué le pide la abuela a Miguelito al despedirse por la noche?

LECTURA Viaje al amanecer

Mariano Picón-Salas, (1901-1965), estadista y escritor venezolano, incluye en un libro de recuerdos de la niñez y la juventud un capítulo sobre su abuelo. La selección que sigue revela tanto la impresión viva que él le causó, recuerdo que está todavía impreso en la mente de Picón-Salas, como el gran cariño—y miedo—que le tenía.

Entre las personas serias de la casa ya necesito hablar del abuelo. Posiblemente porque fue el primero que se murió y gocé poco de su sabrosa compañía, su imagen me reemplaza la del mejor cuento. Fue original, buen mozo y fantástico y su gran reloj de oro, su bastón, su habitual manera de llevarse la mano al chaleco[1] y de decir por ejemplo para evitarse comentarios:
«Este país, este país, ¿para qué nos libertaría Bolívar?»[2] forman parte de mis más coloreados recuerdos. Detrás de él estaban setenta años de historia de Venezuela con sus aventuras, sus guerras, sus anécdotas. Tenía todo lo que puede ser atrayente para la curiosidad de un niño: su divertida conversación, los libros de su biblioteca con las colecciones de *El Mundo Ilustrado* y *El Correo de Ultramar* en cuyos grabados en acero[3] viera por primera vez los templos de los aztecas, las mujeres de Circasia[4] y los pabellones de la Exposición Universal de 1889; la extraordinaria flexibilidad social que le hacía cambiar el tono, las palabras o los ademanes, según hablara[5] con «Sancocho» o con el señor Obispo de la Diócesis. Si «Sancocho» o el Mocho Rafael encarnan en mis primeros días infantiles lo que se puede llamar la fantasía bárbara, mi abuelo ejemplariza la fantasía culta. En todos estaba[6] la evasión, el gusto de imaginar, de descubrir o contar cosas extraordinarias. Y tanto como mis excursiones por el solar, placíame internarme en el escritorio de mi abuelo. Él siempre está dispuesto a recibirnos, a conversar y a responder, menos en ciertos días en que circula por la casa una especie de consigna secreta:[7]
—Tu abuelo amaneció venático[8] y es mejor que no le molestes.

El signo de que estaba venático era un gorro rojo que en tales días le cubría la cabeza, con el que paseaba nerviosamente por los corredores y que indicaba «peligro» como las banderolas[9] colocadas en una vía férrea.

[1] **chaleco** vest [2] **¿para qué . . . Bolívar?** For what reason did Bolívar liberate us? [3] **grabado en acero** illustration [4] **Circasia** Circassia (a region in the south Soviet Union bordering on the Black Sea) [5] **según hablara** according to whether he was speaking [6] **En todos estaba** all revealed [7] **consigna secreta** secret message, watchword [8] **venático** cranky, in a bad humor [9] **banderola** signal flag

—¿Por qué mi abuelo se pone «venático»? — solía preguntarme entonces. Justamente lo «venático» era dentro de mi pobreza de conceptos lo que puede diferenciar a un viejo de un niño. Después supe que aquello se relacionaba con una enfermedad de cáncer que como médico él mantuvo secreta durante largos meses para no alarmar a la familia, propinándose sus inyecciones calmantes. Lo «venático» era, sencillamente, el reprimido dolor físico.

—Tengo que trabajar mucho— decía en aquellos días. Y se encerraba con llave a escribir sus cuentos o a soportar sus dolores.

Preguntas

1. ¿Por qué no pudo Picón-Salas gozar mucho de la amistad con su abuelo?
2. ¿Qué ornamento y gestos caracterizaban al anciano en la memoria de su nieto?
3. ¿En qué sentido fue el abuelo una fuente para la investigación de la historia venezolana?
4. ¿Qué maravillas vio el niño por primera vez en la biblioteca del abuelo?
5. ¿Se complacía el abuelo en recibir al niño la mayoría de las veces?
6. ¿En qué ocasiones era prohibido molestar al abuelo?
7. ¿Qué prenda se ponía el abuelo cuando no quería que se le molestara?
8. ¿Por qué el abuelo prefería estar solo algunas veces?
9. ¿Qué profesión había ejercido antes?
10. ¿Reveló el abuelo su enfermedad en cuanto supo que la tenía?

Expansión de vocabulario

I Estudie detenidamente la lista siguiente. Las palabras que aparecen en letra negra están indicadas en la lectura anterior.

	Adjetivo	*Sustantivo*	*Verbo*	*Adverbio*
1	gozoso	gozo[1]	**gozar**	gozosamente
2	**sabroso**	sabor	saber	sabrosamente
3	**atrayente**	atracción	atraer	
4	encarnado	encarnación	**encarnar**	
5	ejemplar	ejemplo	**ejemplarizar**	
6	evasivo	**evasión**	evadir	evasivamente
7	placentero	placer	**placer**	
8	**dispuesto**	disposición	disponer(se)	
9	molesto	molestia	**molestar**	
10	pobre	**pobreza**	empobrecer	pobremente

[1] también, goce

II Complete cada oración con la forma apropiada de la palabra en letra negra.

1 **gozar** El ______________ de la vida depende más de la persona que de las circunstancias.
2 **sabroso** Este helado ______________ a menta.
3 **atrayente** La verdad es que el sueldo que ese trabajo va a darle no le ______________ tanto como la experiencia que provee.
4 **encarnar** Los aztecas en México pensaban que Cortés era la ______________ de un antiguo dios suyo.
5 **ejemplarizar** La conducta de los niños ha sido ______________ durante la ausencia de sus padres.
6 **evasión** Cuando le hicieron las preguntas personales, contestó de una manera ______________.
7 **placer** Para nosotros, sería un gran ______________ conocerlos.
8 **dispuesto** ¿Quién está ______________ a hacer esto?
9 **molestar** Si no es ninguna ______________, vamos a esperar hasta la semana entrante.
10 **pobreza** La inflación ha ______________ a todos, tanto a los ricos como a los pobres.

III Complete cada oración con la forma apropiada de una palabra de la lista.

evitar	escritorio
acero	amanecer
contar	alarmar
solar	encerrarse

1 El explorador nos va a ______________ sus experiencias en el Himalaya.
2 El novelista tenía la costumbre de escribir en su ______________ al fondo del segundo piso.
3 Tomando ciertas medidas ahora, podremos ______________ problemas más graves después.
4 Cuando anocheció a bordo del tren, todavía estábamos en tierra caliente, pero cuando ______________, nos vimos rodeados de cimas nevadas.
5 El niño ______________ en su cuarto para llorar después de que su padre lo reprendió.
6 El ______________ de los Suárez se encontraba al pie de la sierra. Habían sido dueños por cinco generaciones.
7 No ______________ a tu mamá; no le digas nada de esto. Se pondrá nerviosa.
8 El ______________ es un material indispensable en la fabricación de los automóviles.

IV Reemplace las palabras en letra negra con la forma apropiada de un sinónimo o una expresión parecida de la lista.

posiblemente	gorro
buen mozo	colocado
libertar	justamente
circular noticias	soportar

1. —Los abuelos escriben que vienen de visita. ¿Crees tú que lo digan en serio?
   —**Puede ser.**
2. Estoy ya harto. No **aguanto** más.
3. **Corrió la voz** de que iba a haber un programa muy importante esta noche.
4. El actor de cine es **un joven simpático.**
5. Hay banderas de todas las naciones **puestas** en la escena.
6. ¿Quién **les dio la libertad** a los rehenes?
7. Llegamos **precisamente** a las ocho.
8. El irlandés se puso **la boina.**

Discusión de la fotografía

1. ¿Qué evidencia hay de la edad avanzada de la señora?
2. ¿En qué se notan su ternura y cariño?
3. En su opinión, ¿cuál es el rasgo más notable y sobresaliente de la cara del niño?

Posibilidades

1 Imagine una conversación entre la anciana y el niño después de que fue sacada la fotografía.
2 Suponiendo que la anciana es la abuela del niño, piense en una charla entre ella y su hija, madre del chico, sobre la vida y sobre este jovencito.
3 Imagine que Ud. es el niño. Muchos años después, en su edad madura, Ud. encuentra esta foto vieja en un álbum y está hablando con alguien sobre la anciana.

Para la discusión oral

1 Si Ud. tiene abuelos que todavía estén vivos o de quienes Ud. se acuerde bien, descríbalos tanto en sus características físicas como en su personalidad.
2 Como si Ud. fuera el abuelo o la abuela, dé a su hijo o hija algunos consejos sobre la manera en que deben criar a sus hijos hoy en día.
3 ¿Cuáles son las mejores maneras de prepararse para la felicidad y la seguridad financiera en la vejez? ¿A qué edad debe uno comenzar estos preparativos? ¿Por qué?

Temas de composición

1 La vejez en los Estados Unidos es, en muchos casos, un período de abandono y soledad para muchas personas que intentan vivir con un ingreso reducido y los achaques propios de la edad. En contraste con esto, los ancianos en el mundo de habla española, y en otras partes del mundo, pasan sus últimos años en el hogar de sus hijos o parientes, siendo parte activa en la vida familiar. ¿Piensa Ud. que el tratamiento de los viejos en los Estados Unidos es un escándalo nacional—como se lo ha llamado—en comparación con la costumbre hispana? ¿Cuáles son las ventajas y desventajas de las costumbres? ¿Cómo se explica el tratamiento de los ancianos en este país? Exponga sus ideas en un ensayo sobre la vejez en los Estados Unidos.
2 Enumere y discuta las diferencias de actitud entre los viejos y los jóvenes en lo que se refiere:
   a al sexo
   b al matrimonio
   c a la vida en general
   d a la sociedad en general
   e a otras cosas que a Ud. se le ocurran
3 ¿Es la vejez una cuestión de edad o de actitud? Discuta y defienda su opinión en un ensayo sobre la psicología de la vejez. ¿A qué edad empieza la verdadera vejez?

VOCABULARIO ÚTIL

optar por decidir por
ajustar(se) a, acomodar(se) con, adaptar(se) a, conformar(se) con convenir con las normas
errar, vagar andar sin rumbo
el desacuerdo falta de acuerdo
a despecho de a pesar de
pensar por sí mismo pensar y llegar a una conclusión sin la ayuda de otro
ir en contra no conformarse
la mayoría parte más grande
la minoría parte más pequeña
rebelar(se) ponerse contra cualquier autoridad
el rebelde el que se resiste a una cosa
la rebeldía acto de rebelarse

cada oveja con su pareja birds of a feather stick together

en favor de
en oposición de
progresivo
singular
la singularidad
el (la) disidente
la disidencia
la protesta
el individualismo

Ejercicios de vocabulario

I Complete cada oración con la forma apropiada de una palabra o expresión de la lista.

minoría	pensar por sí mismo
a despecho de	cada oveja con su pareja
individualismo	

1. No todos piensan así. Es sólo una ______________ la que, aunque fuerte, se compone sólo de un veinte por ciento de la población.
2. El refrán que dice ______________ quiere decir que los de gusto semejante tienden a agruparse.
3. Su acción no es realmente rebeldía, sino más bien un ejemplo de su ______________.
4. ______________ los consejos, el joven decidió correr el riesgo.
5. Diez y ocho años es la edad legal para tomar decisiones, pero los jóvenes generalmente pueden ______________ mucho antes.

NARRATIVA Los individualistas

a lo largo throughout

A lo largo de la historia ha habido grupos de personas individualistas que se han apartado de las corrientes principales de la sociedad no por razones religiosas ni raciales ni doctrinarias, sino por la preferencia de su espíritu. Optando por una vida generalmente menos restringida que la tradicional, muchas veces han tenido que existir en las fronteras de la cultura dominante, algunas veces no queriendo participar en ella y otras veces no siendo aceptados. Casi siempre, sin embargo, la expresión artística, la sensibilidad y el espíritu creador de los pequeños núcleos de individualistas han sido reconocidos y apreciados por muchos, y los efectos y frutos de sus talentos se han dejado sentir en círculos mucho más extensos que los suyos propios.

de hecho in fact

Tradicionalmente, la vida individualista implicaba de hecho la libertad personal y una orientación hacia la estética; por eso tantos eran dramaturgos, escritores, poetas o artistas y músicos. Hace unos años, sin embargo, se manifestó con gran notoriedad y no poca controversia un nuevo grupo de gente de la «contra-cultura»—una especie de vida bohemia no vista antes, que se basaba en la disidencia política, en el desacuerdo total con la mayoría de las normas aceptadas por el pueblo y frecuentemente en un proceso de pensamiento alterado por las drogas estimulantes o calmantes. Otra característica diferente de esta nueva sub-cultura era la edad tan joven de muchos de sus miembros. Si anteriormente la vida individualista se asociaba con adultos maduros en su experiencia y pensamiento para tomar decisiones, ahora se trata de gente adolescente. Parece que el auge de este fenómeno ya ha pasado, y aunque no se ha olvidado, por lo menos no está tan presente como antes.

auge punto más alto

Lo que ha venido evolucionando, de todas maneras, es un nuevo sentimiento de libertad personal en casi todas las facetas de la vida, y aunque todavía los jóvenes son los que hacen alarde de dicha libertad, también llega—como por un proceso de filtración—a los adultos de todas las edades y modifica, aunque sutilmente, el modo de pensar y las opiniones de todos. Como en otros períodos, algo del pensamiento y de las ideas de la sub-cultura se ha extendido para afectar, en forma positiva, a casi todo el mundo.

hacer alarde de to boast, brag

Preguntas

1. A través de la historia, ¿cuál ha sido la característica más saliente que ha unido a los individualistas?
2. Generalmente, ¿qué clase de vida han buscado ellos?
3. ¿Por qué los individualistas han tenido que existir en las fronteras de la cultura dominante?
4. ¿Cuál ha sido el efecto de la sensibilidad estética de los grupos marginales?
5. Tradicionalmente, ¿cuáles eran algunas de las profesiones de los individualistas?
6. ¿En qué se diferencia la sub-cultura de hace unos años a las que existieron anteriormente?
7. ¿Qué clase de drogas se han asociado con la nueva sub-cultura?
8. ¿Cuál es generalmente la edad de los individualistas de nuestros días?

9 ¿Es tan patente la presencia de la «contra-cultura» como lo era hace unos años?
10 ¿Cuál ha sido el efecto de la «contra-cultura» de la juventud en la sociedad?

Expansión de vocabulario

I De la lista B, escoja el mejor complemento a la primera parte de la oración en la lista A.

	A		B
1	Los núcleos de las células	1	es una rama de la filosofía.
2	La estética	2	del agua salada es necesario para convertirla en agua potable.
3	Tenemos que optar	3	sólo se pueden ver a través del microscopio.
4	La filtración	4	los impulsos violentos.
5	Su talento de concertista	5	se hará más aguda hasta que lleguen a una conclusión definitiva.
6	El auge de su carrera	6	en favor o en contra. Hay que decidir.
7	Hay que restringir	7	fue obvio la primera noche que tocó con la sinfónica.
8	La controversia	8	fue su presentación en el Teatro Colón de Buenos Aires.

II Reemplace las palabras en letra negra con un sinónimo o una expresión parecida.

1 Ellos **se han alejado** un poco de su antiguo círculo de amigos.
2 Debido a la emergencia, han cerrado **las salidas** del país.
3 Recientemente **se ha presentado** el germen de un nuevo interés.
4 Se va a celebrar una reunión de **autores** célebres.
5 Hay gran **diferencia de opiniones** con respecto al valor del nuevo producto.
6 El rebelde persiste en romper las **reglas preestablecidas** de la sociedad.
7 Yo la conocí **mediante** mi amiga Rosa.
8 Creo que estamos viendo ahora **el apogeo** de este tipo de música.

Discusión de la fotografía

1. ¿Qué estación del año es? ¿Por qué lo cree?
2. ¿Qué indicios hay de que ésta es una lagunilla lejana de las poblaciones y probablemente no muy conocida?
3. ¿Cuáles son los elementos poéticos de la fotografía?

Posibilidades

1. Imagínese estar sentado(a) con un compañero o una compañera en la orilla de esta lagunilla. El ambiente de soledad y tranquilidad les influye a discutir libremente su filosofía de vida. Invente el diálogo entre Ud. y la otra persona.
2. Suponiendo que Ud. fuera el fotógrafo que sacó esta fotografía o un artista que quiere pintar esta escena, cuente por qué le ha impresionado artísticamente y en qué manera ha despertado su interés individualista.

Para la discusión oral

1. ¿Se considera Ud. un(a) individualista? ¿En qué sentido?
2. Si Ud. conoce a algunos individualistas o bohemios, descríbalos. ¿En qué forma se distingue su estilo de vida del de la mayoría de la gente?
3. ¿Hasta qué punto puede el individuo expresar su libertad personal? ¿Debe o puede manifestarse esa expresión hasta el punto de ofender a los demás?

Temas de composición

1. A su parecer, ¿qué se entiende por la libertad de espíritu de un individuo? Exponga sus ideas sobre el tema en un ensayo.
2. En cualquier sociedad, hay ciertas instituciones cuya fuerza tradicional opera en contra del individualismo excesivo—como por ejemplo el hogar, la iglesia, el sistema educativo y lo que podría llamarse, a falta de mejor término, los límites de aceptabilidad social. En la cultura hispánica, como ejemplo, la influencia de cada uno de estos poderes es mucho más delineada y establecida que en la cultura norteamericana. En un ensayo, escoja algunas de las normas de la sociedad estadounidense que pueden afectar el individualismo de una persona y analice las instituciones que refuerzan estas normas. Discuta tanto los elementos positivos como negativos de las normas que se le ocurran.

CAPÍTULO 27
LA GUERRA

VOCABULARIO ÚTIL

militar relacionado con el ejército
guerrear pelear
el cuartel residencia para soldados
reclutar buscar y tratar de interesar a soldados potenciales
la recluta, el reclutamiento acción y proceso de reclutar
el recluta persona reclutada
alistarse ingresar al ejército, la fuerza aérea, etc.
el alistamiento acción de ingresar al ejército; número de personas reclutadas
darse de baja terminar el servicio militar
la mochila saco que llevan los soldados
la cantimplora frasco de metal para llevar agua
el casco protector metálico de la cabeza
el frente línea delantera de batalla en la guerra
hacer guardia, hacer centinela vigilar
pasar revista inspeccionar la tropa

la licencia leave
la maniobra maneuver
el tiroteo firing, shooting
la escaramuza skirmish
acechar to spy on, to watch
en acecho spying, on the watch
emboscar to ambush
la emboscada ambush
el soldado raso enlisted soldier; buck private

el soldado de infantería infantry soldier
el oficial officer
el teniente lieutenant
el santo y seña password, watchword
la patrulla patrol
el escuadrón squadron
el pelotón platoon
la brigada brigade
la compañía company
la bandera flag
la ametralladora machine gun

el arma, el rifle, el fusil
la neutralidad
la milicia
la estrategia
movilizar
la movilización
el camuflaje
atacar
el ataque
invadir
la invasión
batallar
la batalla
avanzar
el avance
retirar
la retirada
el servicio militar
el servicio voluntario
el sargento
el capitán
el mayor
el coronel
el general
el comandante
la disciplina
desertar
el desertor
la artillería
el batallón
el regimiento
el convoy
la bayoneta
la marina de guerra
la flota
el buque de guerra
el submarino

Ejercicios de vocabulario

I Complete cada oración con la forma apropiada de una palabra de la lista.

militar
reclutamiento
mochila
tiroteo
emboscada
teniente
movilizar
flota

1. El soldado se agachó y se arrastró por el suelo porque el ______________ era muy intenso.
2. Después de cuatro años de servicio, el joven llegó a la conclusión de que la vida ______________ no era para él.
3. Fue magnífico ver la ______________ de buques de guerra pasar por debajo del puente en la bahía de San Francisco.
4. El sargento tuvo que informar al ______________ sobre la actitud de las tropas.
5. Las fuerzas armadas intensificaron su propaganda de ______________ y tuvieron éxito. Muchos más se alistaron.
6. El enemigo nos había preparado una ______________. Encontramos el campo minado.

7 La ______________ es indispensable para los soldados en el campo. También la usan los deportistas en la sierra para llevar provisiones.
8 El gobierno está deliberando sobre la posibilidad de ______________ las reservas y parte de la población civil en vista del peligro inesperado.

II Escoja la palabra correcta de la siguiente lista para contestar a las siguientes preguntas con una oración completa.

submarino	santo y seña
alistarse	bandera
bayoneta	camuflaje
cuartel	capitán
casco	convoy

1 ¿Cómo se llama el buque especial que puede navegar por debajo del agua a grandes profundidades?
2 ¿Qué se tiene que dar para pasar a un lugar guarecido y protegido?
3 ¿Cómo se llama el edificio donde duermen los soldados?
4 Para hablar de una fila de jeeps en el camino, ¿qué se dice?
5 Antes de que un joven se presente al ejército, ¿qué tiene que hacer?
6 ¿Qué usan en la cabeza los bomberos y los albañiles para protegerse?
7 ¿Cómo se refiere a lo que se ha arreglado para disfrazar u ocultar un lugar?
8 ¿Qué se pone a media asta para indicar que alguien ha muerto?
9 ¿Qué se añade a la punta de un rifle que sirve de cuchillo?
10 ¿Cómo se llama el que ha alcanzado un rango militar superior al de un teniente?

III Explique la diferencia entre cada una de las siguientes palabras.

1 el frente y la retaguardia
2 una patrulla y una compañía
3 la marina de guerra y la fuerza aérea
4 un avance y una retirada
5 un soldado raso y un general

DIÁLOGO La guerra

tienda tent

Es de noche en una tienda cerca del campo de batalla. Tres oficiales discuten los problemas del momento. Están agrupados alrededor de una mesa con un solo foco para proveer luz.

Oficial 1° ¿Qué se decidió hacer con los civiles que se escaparon antes que el enemigo ocupara el pueblo? ¿Hubo muchos?
Oficial 2° Sí, unos doscientos. Los han mandado por tren especial al norte—a la capital, creo. El

enemigo sólo ocupa el terreno hasta unos diez kilómetros de aquí, pero aun así se apoderó del pueblo.

Oficial 3° Daba pena ver la retirada de los refugiados. Dada la urgencia de la situación, sólo se pudieron llevar unas cuantas pertenencias. Vi a un viejo que no llevaba más que un álbum de fotografías en una mano y sus ahorros en un saquito en la otra.

Oficial 2° También lo vi. Dios . . . uno se pregunta quién sufre más en tales situaciones . . . los de veras heridos o los que abandonan todo lo conocido tal vez para siempre.

baja casualty

Oficial 1° Dijeron que sufrimos pocas bajas ayer, a pesar de las múltiples escaramuzas. Ningún muerto y sólo unos nueve heridos, ninguno de ellos gravemente.

Oficial 2° Creo que la suerte nos estaba sonriendo, porque las fuerzas del enemigo son el doble de las nuestras. A ver si mañana los podemos hacer retroceder; nos han asignado ayuda aérea para mañana temprano . . . va a ser un bombardeo fuerte.

ahuyentar to drive away

Oficial 3° Después viene la infantería; apuesto a que los ahuyentamos al otro lado del río.

Oficial 2° Ojalá. Oiga, viene un mensaje por radio . . . a ver . . .

Preguntas

1. ¿Dónde están los tres oficiales que conversan?
2. ¿Cuántos refugiados se escaparon del pueblo? ¿Qué se hizo con ellos?
3. ¿Qué llevaba consigo el viejo que salía con los otros?
4. ¿Qué quiere decir el comentario del Oficial 2° sobre el sufrimiento de los civiles que evacúan el pueblo súbitamente?
5. ¿Qué va a pasar mañana?

Expansión de vocabulario

I Identifique.

1. sitio en que tiene lugar una batalla
2. tomar el poder
3. personas que tienen que dejar su hogar por motivos políticos o de guerra y que tienen que reestablecerse en otro lugar

4 cosas que le pertenecen a uno
5 una batalla o pelea pequeña sin consecuencias serias
6 grupo de soldados que andan a pie
7 volver atrás
8 pabellón de tela que puede servir de alojamiento

Discusión de la fotografía

1 ¿En qué clase de función militar se encuentran los soldados?
2 ¿Cómo han llegado a la orilla?
3 ¿Qué indicios hay de que se trata de una batalla de importancia?
4 ¿Por qué se habrá volcado el vehículo en la esquina derecha inferior de la foto?
5 ¿Para qué se habrán puesto las barricadas a lo largo de la playa?

Posibilidades

1 Como si Ud. fuera uno de estos soldados, narre sus pensamientos al participar en este asalto a la playa en forma de un monólogo interior.
2 Invente un diálogo entre dos de estos soldados al terminar el asalto y la batalla.
3 Como si fuera Ud. uno de estos soldados, registre los sucesos de hoy en su diario.

Para la discusión oral

1 Si Ud. ha servido en las fuerzas militares, describa la experiencia. ¿Qué hacía Ud.? ¿Dónde estaba?
2 ¿Qué piensa Ud. de una carrera en las fuerzas armadas? ¿Cuáles son las ventajas y desventajas de tal carrera?
3 ¿Piensa Ud. que el servicio militar debe ser obligatorio? ¿Por qué?
4 Si hay servicio militar obligatorio, ¿deben servir las mujeres también?
5 Explique las diferencias entre las siguientes ramas de las fuerzas armadas estadounidenses:
   a el ejército
   b la fuerza aérea
   c la marina de guerra
   d el guardacostas
   e los «Marines»
6 En vista de la existencia de armas nucleares manejadas por técnicos especializados, ¿le parece a Ud. necesario que el ejército cuente con hombres adiestrados físcamente para la lucha?
7 Las guerras civiles a veces resultan más sangrientas que las guerras internacionales. ¿Puede citar un ejemplo de alguna guerra civil que haya ocurrido en algún país? ¿Qué aconteció?
8 ¿Cree Ud. que la mera existencia de armas de fuego entre los ciudadanos contribuye a que exista la violencia? A nivel internacional, ¿cree Ud. que la existencia de ejércitos y estructuras militares crea una situación de propensión al ataque o defensa bélicos? ¿Es posible el desarme total?

Temas de composición

1 En las décadas de los 60 y los 70, la guerra de Vietnam ocupaba un lugar de primera importancia en el pensamiento de muchos norteamericanos y todos los vietnamitas. ¿Cuál era su reacción ante esa guerra? ¿Fue justificable o no? ¿Por qué? ¿Piensa Ud. que la guerra de Vietnam fue diferente de otras guerras en que han participado los Estados Unidos? ¿Por qué? Discuta y analice los cambios en la sociedad norteamericana producidos, por lo menos en parte, por la guerra de Vietnam.
2 Discuta Ud. su opinión sobre la responsabilidad del científico en el desarrollo de proyectos tales como armas químicas (napalm) o biológicas (defoliadores, bombas de microbios, etc.).

CAPÍTULO 28
LOS PROBLEMAS ACTUALES

VOCABULARIO ÚTIL

la toxicomanía vicio o adicción a las drogas
el barrio sección de la ciudad; en algunos lugares, los sectores más pobres; «slums»
la contaminación acción de contaminar, ensuciar o manchar; «pollution»
las irritaciones respiratorias enfermedades o irritaciones que afectan las vías respiratorias (nariz, pulmones)
el control de la natalidad medidas para controlar el número de nacimientos
la píldora (anticonceptiva) tableta que pueden tomar las mujeres para no tener hijos
la tasa de natalidad número de bebés que nacen en un tiempo específico

el consumo use, consumption
asaltar to assault, to mug
el asalto assault, mugging
la resistencia pasiva nonviolent protest
el motín, el disturbio riot, disturbance
envenenar to poison
el veneno poison
tóxico toxic, poisonous
los desperdicios, la basura garbage, refuse
el monóxido carbónico carbon monoxide
la planificación familiar family planning
el ácido (lisérgico) LSD
el aborto abortion

la adicción
el (la) adicto(a)
las drogas
los narcóticos
la morfina
la heroína
la mariguana, la mota
el alcoholismo
la intoxicación
atacar
el ataque
la integración
la segregación
la protesta
la minoría
la ecología

Ejercicios de vocabulario

I Complete cada oración con la forma apropiada de una palabra de la lista.

toxicomanía
contaminación
control de la natalidad
asalto
píldora anticonceptiva
resistencia pasiva
basura
aborto
integración
ecología

1 Los que estaban en contra del dictamen del gobierno decidieron organizar una ________________ .
2 Tanto la Iglesia Católica como el machismo han afectado la reacción al ________________ en los países latinoamericanos.
3 Los casos de ________________ han aumentado significativamente en los últimos años. Es peligroso andar de noche.
4 El uso de la ________________ , según algunos médicos, puede tener efectos físicos negativos. Hace falta una investigación más extensa para resolver las dudas.
5 La ________________ atmosférica ha obligado a los fabricantes de automóviles a modificar los motores para controlar el escape de gases peligrosos.
6 El montón de ________________ al lado del camino es un ejemplo perfecto de la contaminación visual.
7 La ________________ es el estudio de las relaciones entre los organismos y el medio en que viven.
8 Muchos estados han legalizado el ________________ , pero otros sólo lo aprueban si la vida de la madre está en peligro.
9 A pesar de las decisiones de la corte, ha sido muy difícil llevar a cabo la ________________ racial en muchos distritos escolares.
10 Para combatir la ________________ se han establecido clínicas especiales en las ciudades.

II Explique la diferencia entre cada una de las siguientes palabras.

1 la contaminación atmosférica y la contaminación marítima
2 el tabaco y la mariguana
3 la integración y la segregación
4 el oxígeno y el monóxido carbónico
5 la toxicomanía y la intoxicación

NARRATIVA Los problemas actuales

encuesta poll

En cualquier encuesta sobre los problemas más graves que la sociedad norteamericana confronta actualmente, casi siempre se incluyen por lo menos cuatro o cinco asuntos de mayor urgencia. El orden de su importancia depende de la edad, la situación económica y la localización geográfica de los interrogados, pero aun en vista de las diferencias, hay una uniformidad de parecer con respecto a las cuestiones básicas y esenciales. Se incluyen la violencia, el racismo, la contaminación, la planificación familiar, los derechos de las mujeres y otros grupos y la toxicomanía.

cifra figure

violación (case of) rape

precaverse tomar mucho cuidado

Año tras año en la última década, las cifras publicadas por agencias de la policía local o por el FBI han revelado un crecimiento sorprendente y alarmante en la frecuencia de asaltos, robos, violaciones y homicidios. Tanto es así que los Estados Unidos ahora se incluyen entre los países más violentos del mundo, y resulta chocante para muchos europeos y latinoamericanos que visitan al país—gente acostumbrada al placer de un paseo nocturno por las calles—tener que precaverse tanto contra lo que los norteamericanos suelen llamar «el crimen callejero.»

El problema del racismo y los prejuicios raciales no es, por supuesto, un problema que sólo se manifiesta en los Estados Unidos. En casi todos los países y en casi todas las épocas han existido prejuicios raciales, culturales o religiosos. En los Estados Unidos, sin embargo, hablar de racismo tradicionalmente ha significado hablar de la confrontación entre blanco y negro, haciéndonos pensar en los derechos civiles y el movimiento social de los negros por ganar un lugar más sólido en la sociedad norteamericana. Pero la verdad es que la cuestión general del racismo también ha incluído prejuicios contra otros grupos de gente; contra los puertorriqueños del este del país o contra los mexicano-americanos y los chicanos del sudoeste y del oeste. Es bien conocido el caso del examen que se administraba a todos los niños,

cociente intelectual IQ

inclusive chicanos, para determinar su cociente intelectual y así colocarlos en el salón de clase adecuado. Debido a la ignorancia del idioma inglés y a las diferencias culturales, muchos de estos niños de ascendencia mexicana fueron asignados a grupos escolares en que la enseñanza estaba muy por debajo de su nivel mental. Ahora felizmente, estas prácticas van cambiando.

Un gran problema mundial que tampoco se limita a los Estados Unidos es la contaminación ambiental. De hecho puede decirse que la conciencia colectiva del pueblo norteamericano sobre los problemas de la contaminación es bastante más aguda que en otros países. La contaminación atmosférica de las grandes ciudades del mundo, como Los Ángeles, Nueva York, Londres, Tokyo y México, causada en gran parte por el humo de las fábricas y de los vehículos, sigue amenazando la salud de los habitantes. Algunas ciudades han tomado medidas muy prácticas para controlar la contaminación; ahora, al usar el puente que conecta con la isla de Manhattan, por ejemplo, se paga menos por cada coche que contenga más de tres personas—medida que trata de estimular el uso de «car pools.» Y en México, por ejemplo, se ha declarado que dentro de poco los autobuses del interior del país, vehículos que generalmente usan un combustible muy tóxico, sólo podrán llegar a las afueras de la ciudad pero no podrán entrar.

atañer concernir

sobrepoblación overpopulation

La cuestión de la planificación familiar es asunto muy controvertido, porque atañe a las creencias religiosas, culturales, raciales y morales de las personas. Este problema lleva consigo la cuestión médica de los anticonceptivos: si «la píldora» es completamente segura desde el punto de vista de la salud; si la vasectomía es la solución; y luego está la gran controversia sobre el aborto. El origen de estas cuestiones es en parte la conciencia del problema de la sobrepoblación mundial y también la limitada capacidad de una unidad familiar, un país o el mundo entero de sostener a un número cada vez mayor de seres humanos.

El movimiento feminista está relacionado en cierto sentido con la cuestión de la planificación familiar, por lo menos en los Estados Unidos. Aunque el movimiento nació hace años con las mujeres que querían el derecho al voto, desde hace una década el movimiento se ha hecho más presente y fuerte. Hay otros grupos que pugnan por una mayor libertad social también, como los homosexuales, por ejemplo.

Entre todos estos, sin embargo, tal vez el problema de la toxicomanía sea el más debatido por el impacto que ha tenido sobre los distintos niveles de la sociedad, desde los jóvenes hasta los mayores de edad y desde los hogares suburbanos hasta las secciones más pobres del centro de muchas ciudades. En vista de la nueva conciencia, existe una generalización reconocida por todos con respecto a las drogas: el problema está difundido y ha ganado proporciones universales.

Donde el público no se pone de acuerdo es en la cuestión de la gravedad de dicha difusión. No hay ninguna duda en cuanto a los efectos dañinos que drogas como la cocaína y la heroína ocasionan—pues son las que más esclavizan al adicto física y moralmente—pero existe divergencia de opiniones en cuanto al efecto de las drogas menos nocivas, entre las cuales es un ejemplo típico la mariguana.

nocivo harmful, injurious

Aunque la venta, compra y consumo de la mariguana son ilegales en la mayoría de los estados, el rigor con que se persigue a los que la fuman difiere notablemente. También varía la opinión pública sobre la aceptabilidad de la droga, pero en general son los jóvenes más que los adultos los que abogan por su legalización. Los jóvenes dicen que el alcohol y el tabaco, que son aceptados socialmente, pueden quizás ser igualmente dañinos.

abogar por hablar en favor de

La crítica negativa contra la mariguana se sirve del argumento de que la persona que la usa se envicia y con el tiempo no se satisface, recurriendo después a otras drogas más fuertes para alcanzar el efecto mental y físico hasta convertirse en adicto. Por otro lado, los que se oponen a esta crítica citan el alcohol como ejemplo y sostienen que una persona no se convierte en alcohólico por el mero hecho de beberlo en ciertas ocasiones sociales y que la adicción a cualquier droga, mientras no haya dependencia física, no es cuestión de la droga en sí sino de la persona que la toma y de su propia fuerza o debilidad interior. La cuestión del efecto de la mariguana en términos físicos se resolverá con el tiempo y con más datos médicos sobre sus elementos tóxicos; lo que no se resuelve tan fácilmente es el conflicto entre las diversas actitudes morales y sociales con que la gente ve la droga. Entre tanto, sigue el furor con todas las emociones desenfrenadas correspondientes.

desenfrenado sin frenos

Preguntas

1. Cuando se hace una encuesta pública sobre los problemas contemporáneos más graves, ¿de qué factores depende el orden de importancia en que el sujeto los ordena en su respuesta?
2. ¿Cuáles son los problemas actuales que todos consideran importantes?
3. ¿Por qué resulta chocante a algunos europeos y latinoamericanos el no poder pasear de noche por las calles y por los parques en los Estados Unidos?
4. ¿En qué sentido fueron perjudiciales los exámenes del cociente intelectual que se administraron en inglés a gente de herencia cultural y lingüística totalmente distinta del estándar norteamericano?
5. ¿Cuáles son algunas de las medidas tomadas en las grandes ciudades para controlar la contaminación atmosférica?
6. ¿Qué problemas derivan de la discusión de la planificación familiar?
7. ¿Cuándo y por qué nació el movimiento feminista en la sociedad estadounidense?
8. ¿Por qué es la adicción a las drogas el problema más debatido?
9. ¿Cómo varía la ejecución de las leyes sobre la mariguana de un estado a otro?
10. ¿De qué argumentos se sirven los jóvenes en la defensa de la mariguana? ¿En qué consiste el argumento contra la mariguana?

Expansión de vocabulario

I Exprese el significado de las siguientes palabras e invente una oración que indique su uso.

1. encuesta
2. difundido
3. ocasionar
4. abogar por
5. desenfrenado

II De la lista B, escoja el mejor complemento a la primera parte de la oración en la lista A.

	A		B
1	Los problemas sociales urgentes	1	está muy dividida en cuanto a la tolerancia de la mariguana.
2	Los antecedentes y la educación de una persona	2	comparten por igual la amenaza de la toxicomanía.
3	Todos los niveles de la sociedad	3	son reconocidos por casi todos.
4	La cocaína y la heroína	4	puede afectar al hígado y a los pulmones.
5	La opinión pública	5	pueden afectar su interpretación de los datos.
6	El uso excesivo del alcohol y el tabaco	6	son bastante más nocivas que la mariguana.

III Conteste si la oración es verdadera o falsa. Si es falsa, cámbiela por una verdadera.

1. El racismo es un problema que incluye a otros grupos; no se limita a los blancos y a los negros.
2. La violencia en las calles de las ciudades norteamericanas es cada vez menos un problema serio.
3. La cuestión de la toxicomanía es tal vez el problema social más urgente porque afecta a todos: ricos, pobres; blancos, negros; hombres, mujeres; viejos, jóvenes.
4. La contaminación es generalmente más severa en áreas rurales.
5. La píldora anticonceptiva es aceptada por todos.

Discusión de la fotografía

1. ¿Qué tiene el hombre en la mano?
2. ¿Qué se va a hacer a sí mismo?

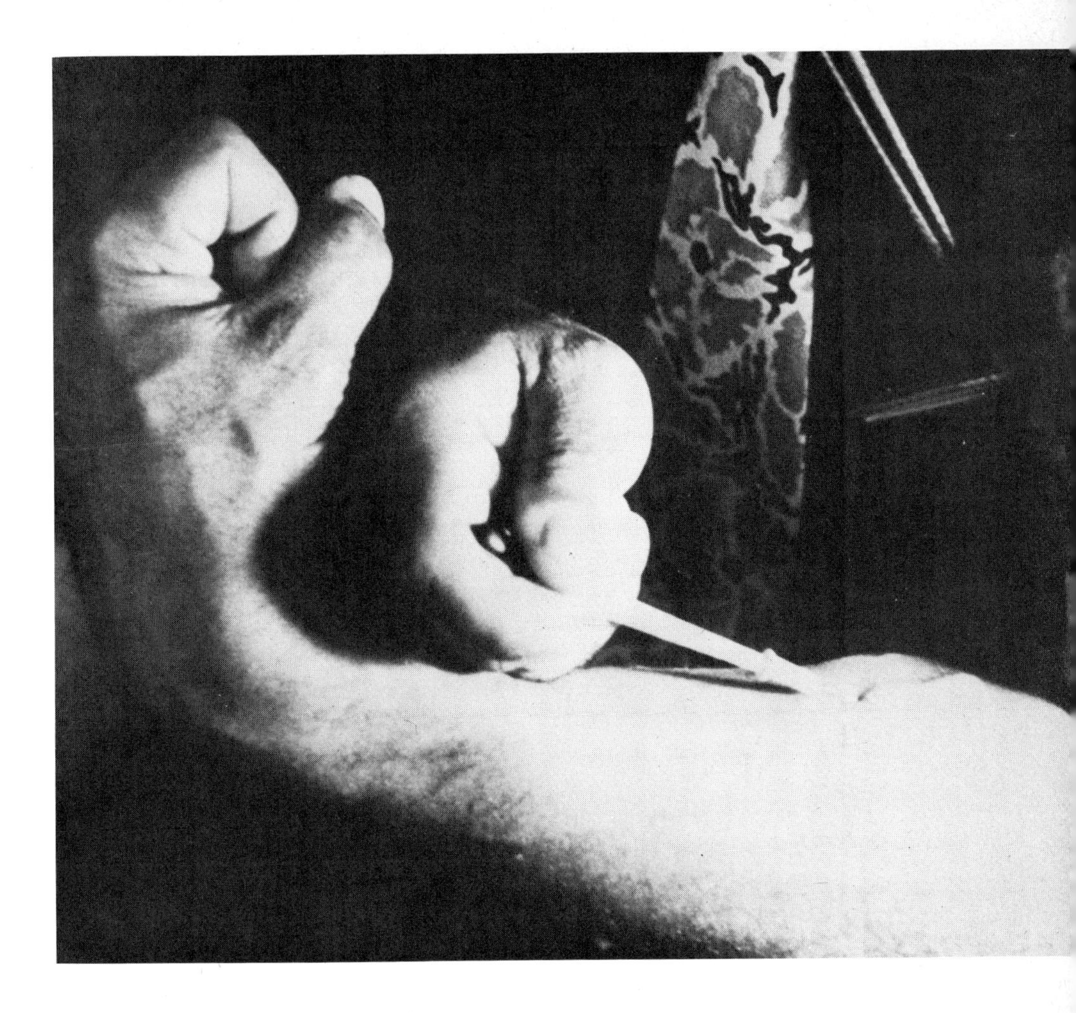

Posibilidades

1. Como si Ud. fuera el hombre, invente un monólogo interior que corresponda al momento de la fotografía sobre lo que está haciendo y su vida actual en general.
2. Tomando el papel de este hombre, cuente en primera persona su historia personal durante los últimos cuatro o cinco años y el camino que le ha llevado a la drogadicción.
3. Imagine una conversación entre esta persona y otra persona de confianza, tal vez un consejero, un profesor, un pastor o cura, o el padre o la madre, a quien ha recurrido en busca de ayuda.

Para la discusión oral

1. En su propia opinión, ¿cuáles son los problemas más graves de la sociedad actual? ¿Cuál de éstos es el más urgente? ¿El menos urgente? Explique por qué.
2. ¿Qué piensa Ud. de la mariguana? ¿Debe ser legalizado su uso? ¿Por qué?
3. ¿Cuál es su opinión sobre la planificación familiar? ¿Cómo debe efectuarse?
4. ¿Piensa Ud. que el aumento en el uso de las drogas se relaciona con el aumento del crimen, los robos y los asaltos?
5. ¿Cuáles son algunos ejemplos de la contaminación ambiental y visual en su pueblo o ciudad?

Temas de composición

1. Exprese su opinión sobre el aborto, comentando también los factores religiosos, filosóficos y legales del debate.
2. Cada año que pasa, las cifras oficiales indican un aumento en los crímenes—la violación, el robo y el asalto—no sólo en los centros de las ciudades grandes sino también en los suburbios y zonas rurales. ¿Por qué piensa Ud. que la sociedad norteamericana sufre este problema? ¿Hay solución? Escriba un ensayo sobre el crimen en general y las razones por las cuales Ud. cree que va en aumento.
3. En los últimos años ha surgido una nueva conciencia de identidad y lugar en la sociedad entre las personas de ciertos grupos. Tal vez el caso más evidente es la nueva conciencia entre las mujeres, que más que «liberación» o «emancipación» es la voz que exige un nuevo papel. En su opinión, ¿en qué consiste la nueva conciencia de las mujeres? ¿Cuál será el efecto de un nuevo papel para la mujer en la sociedad? ¿Cómo se reflejará este cambio en la estructura familiar?
4. Escriba un ensayo sobre los problemas y las emociones candentes de la integración de las razas en los Estados Unidos. ¿Cómo debe o puede llevarse a cabo? ¿Qué piensa Ud. del «busing»?
5. ¿Cree Ud. que es el Estado el que debe enfrentar los problemas sociales? ¿Cree Ud. que los programas sociales contra los problemas son efectivos? Explíquese en un ensayo breve.

CAPÍTULO 29
EL PROCESO LEGAL

VOCABULARIO ÚTIL

el derecho conjunto de leyes y disposiciones; «law»
el poder judicial rama del gobierno que se encarga de la administración de la justicia
la corte, el tribunal lugar donde el proceso legal se realiza; «court»
el juicio proceso en la corte; «trial»
el (la) juez magistrado encargado de juzgar y sentenciar
el abogado defensor licenciado en derecho que defiende a un cliente
el fiscal abogado acusador
el jurado grupo de personas que oye un caso en un tribunal y emite un juicio
el (la) testigo persona que informa o declara ante un tribunal
el testigo presencial testigo que ha visto con sus propios ojos algo que pasó
atestiguar ver pasar algo
declarar, testificar informar en un tribunal lo que pasó
el fallo, el veredicto decisión final de un magistrado o de un jurado
el preso, el reo prisionero
la cárcel local donde detienen a los presos
el carcelero, el celador guardián de una cárcel
mentir no decir la verdad
la mentira contrario de **la verdad**

los derechos rights
poner una demanda en contra, procesar to sue
demandar por daños y perjuicios to sue for damages
el proceso, el pleito suit; court case
apelar to appeal
la apelación appeal
la culpa fault
la culpabilidad guilt
culpable guilty
la citación warrant, summons
el soborno bribe
sobornar to bribe
la calumnia slander
calumniar to slander
bajo juramento under oath
el perjurio perjury
negar to deny
el castigo punishment, sentence
castigar to punish
la pena capital capital punishment
la fianza bail
la libertad bajo fianza out on bail
la libertad vigilada parole
el chantaje blackmail

la justicia
la inocencia
inocente
la legalidad
legal
la ilegalidad
ilegal
acusar
el testimonio
la prisión
la penitenciaria
confesar
la confesión
sentenciar
la sentencia

Ejercicios de vocabulario

I Complete cada oración con la forma apropiada de una palabra de la lista.

procesar
cárcel
atestiguar
derecho
veredicto
legal
jurado
pena capital

1. Ellos no pudieron ________ porque no presenciaron el crimen.
2. El juez tenía que aplazar el proceso, porque dos miembros del ________ estaban enfermos.
3. Van a meter al culpable en la ________; no le darán la libertad.
4. Hoy en día, la ________ sólo existe en pocos estados de los Estados Unidos.
5. Lo van a ________ porque no entregó las mercancías que habían pedido y pagado.
6. Si uno comete un acto ________, no tiene que preocuparse.
7. No hay libertad si el gobierno no protege los ________ del individuo.
8. Estoy seguro de que el proceso tardará mucho. No van a llegar a un ________ en seguida.

II Identifique.

1 El acto de ver pasar algo
2 El proceso de hablar en frente de un policía o un jurado
3 El recinto en que se confina a un reo
4 Lo que se manda para que uno se presente en una corte
5 El esfuerzo por desprestigiar el nombre o la reputación de alguien

III Explique la diferencia entre cada una de las siguientes palabras.

1 el abogado defensor y el fiscal
2 el testimonio y el veredicto
3 un prisionero y un carcelero
4 un soborno y una mentira
5 la sentencia y la libertad

DIÁLOGO En el juicio

Hoy es uno de los últimos días de sesión en el acalorado juicio del Sr. Jovellanos, acusado de haber asesinado a su antiguo socio. El crimen y el proceso resultante han llegado a un plano sensacional debido a la posición social del acusado y al hecho de que se había sacado un seguro de vida a nombre del asesinado sólo días antes de que muriera.

seguro de vida life insurance policy

Al pasar por el corredor rumbo a la corte, los representantes de la prensa casi asaltan al Sr. Benítez, abogado defensor en el juicio.

Periodista 1° Sr. Benítez, Sr. Benítez . . . a ver . . . sólo un comentario sobre lo que pasó ayer cuando el fiscal dio a entender que estaba reteniendo cierto hallazgo importante para hoy.

hallazgo descubrimiento

Sr. Benítez Señor, no voy a comentar nada hasta que sepa lo que tiene que decir. Por mi parte, no hay motivo para sospechar nada. Desde los primeros momentos he estado convencido de la inocencia de mi cliente. Hemos comprobado donde se encontraba mi cliente la noche del asesinato; ni siquiera estaba en la misma ciudad.

Por mi parte as far as I'm concerned

Periodista 2° Pero el fiscal ha sugerido que su cliente fue cómplice; que aunque no haya sido él

cómplice accomplice

apretar el gatillo to pull the trigger
fraguar inventar
de mal en peor cada vez peor

quien apretó el gatillo, que fraguó el crimen y hasta lo dirigió porque quería el pago del seguro, tal vez para rescatar el negocio que iba de mal en peor.

Sr. Benítez ¿Cómo que el negocio iba de mal en peor? Eso es pura fantasía—táctica del fiscal—ya lo hemos comprobado. Ahora, caballeros, con su permiso, la sesión está por empezar . . . permiso . . . permiso *(abriéndose paso entre los periodistas para entrar en la corte).*

Después, durante el juicio, el Sr. Jovellanos está en el banquillo de los testigos, declarando ante el jurado y el juez. Lo interroga el Sr. Benítez.

banquillo de los testigos witness stand

Sr. Benítez Bueno, señores, para repasar y abreviar lo dicho . . . Sr. Jovellanos, la noche del crimen Ud. se encontraba en otro lugar—así lo han atestiguado muchos testigos presenciales que lo vieron. ¿A qué hora volvió Ud. a la ciudad?

Sr. Jovellanos Después de medianoche. Cuando llegué a casa estaba sonando el teléfono y me avisaron de la tragedia. Momentos después, llegó la policía para interrogarme. Pero de ningún modo lo sabía antes—en efecto, yo me . . .

su Señoría your Honor

Fiscal Protesto, su Señoría . . .

Juez El acusado tendrá en mente que ha de limitar su respuesta a la pregunta de la defensa.

Sr. Benítez Sr. Jovellanos . . . volviendo al seguro que su socio compró . . . díganos, ¿tuvo Ud. algo que ver con la decisión de que el negocio mismo fuera el beneficiario?

Sr. Jovellanos No, desde luego que no. Mi socio me comentó—sin darle importancia—que había comprado una nueva póliza. No dijo nada más, y como no era asunto mío, no le pregunté más. Suponía que la había comprado para su familia.

Sr. Benítez Gracias, Sr. Jovellanos. Nada más por ahora.

(Momentos después, le toca al fiscal interrogar al Sr. Jovellanos.)

Fiscal Sr. Jovellanos . . . todos sabemos que Ud. y su socio habían pedido varios préstamos a los bancos en los últimos meses. ¿Temían el fracaso de su negocio?

Sr. Benítez Protesto, su Señoría. La pregunta lleva sugerencias.

Fiscal Bueno, los préstamos . . . ¿fueron para ayudar a mantener el negocio?

sufragar to defray

Sr. Jovellanos Fueron para sufragar nuevos gastos de expansión.

Fiscal Pero el libro de cuentas no revela nada de eso. Al contrario, revela grandes traslados de fondos a una cuenta a su nombre. Sr. Jovellanos, no creo que haga falta recordarle que está hablando bajo juramento y que el perjurio es una ofensa muy grave.

Sr. Jovellanos Es verdad que me asignaba una porción del dinero, pero mi socio estaba enterado de todo.

Fiscal ¿Por qué necesitaba Ud. cada vez más dinero?

particular private

Sr. Benítez Protesto . . . son preguntas que no tienen que ver con el caso. Es cuestión particular de mi cliente.

Juez Protesta negada. Siga Ud., señor.

Fiscal Bueno, como iba diciendo . . . ¿por qué necesitaba Ud. tanto dinero?

Sr. Jovellanos Mis gastos personales iban creciendo. Nada más.

Fiscal *(dirigiéndose al jurado)* Señores, ayer indiqué que tenía una nueva prueba y hoy puedo presentarla. *(volviéndose hacia el Sr. Jovellanos)* Señor, Ud. no nos ha dicho nada de su enredo con el hampa y la presión que ellos ponían sobre Ud. para que les pagara una antigua deuda . . . que le dijeron que pagara o sufriera las consecuencias. *(Se percibe un grito sofocado de asombro en toda la corte. El Sr. Jovellanos mira a su abogado que se levanta en este momento.)* . . . que Ud., para pagarles a sus viejos amigos, disfrazaba los fondos que Ud. tomaba bajo el pretexto de expansión del negocio . . . que su socio inocentemente compró la póliza porque Ud. se lo recomendó . . . que Ud. ya había pensado lo que iba a pasar, pero no pensaba hacerlo hasta que pasara más tiempo para que la fecha de la compra del seguro y fecha de la muerte de su socio no parecieran sospechosas . . . pero que su socio por pura casualidad supo lo que estaba pasando y Ud. tuvo que adelantar su plan aun en vista de la posible sospecha para que su socio no lo expusiera todo.

Sr. Jovellanos *(emocionado)* ¡Mentira! ¡Mentira! No fue así.
Sr. Benítez Su Señoría . . . en vista de lo sugerido por el fiscal, quisiera pedir tiempo para consultar con mi cliente.
Juez Bien . . . de acuerdo. El juicio volverá a comenzar esta tarde a las dos.

Preguntas

1 ¿De qué ha sido acusado el Sr. Jovellanos?
2 ¿Qué hecho peculiar sucedió solamente unos días antes de la muerte del socio?
3 ¿Qué pasó en la corte ayer que aumentó la tensión y espectativa de la prensa?
4 ¿Dónde estaba el Sr. Jovellanos la noche del crimen? ¿Qué pasó cuando volvió a casa?
5 ¿Quién o qué fue el beneficiario del seguro?
6 ¿Por qué se había hecho contacto con los bancos últimamente?
7 ¿Qué había pasado con los fondos?
8 ¿Cuál es la nueva evidencia sorprendente que presenta el fiscal?
9 Según el fiscal, ¿qué papel tuvo el Sr. Jovellanos en la compra del seguro?
10 ¿Qué piensa Ud. de la inocencia o la culpabilidad del Sr. Jovellanos? ¿Qué piensa Ud. que de veras ha acontecido?

Expansión de vocabulario

I Exprese el significado de las siguientes palabras e invente una oración que indique su uso.

1 póliza de seguro
2 ir de mal en peor
3 bajo juramento
4 llevar sugerencias
5 estar enterado de

II Reemplace las palabras en letra negra con la forma apropiada de un sinónimo o una expresión parecida de la lista.

asesinar	repasar
representante	encontrarse
dar a entender	de ningún modo
hallazgo	ser asunto de uno
rescatar	cada vez más

1 El fallo del jurado fue que el acusado **mató** a la mujer.
2 El hecho de que haya habido un chantaje fue un **descubrimiento** importante.
3 El negocio está creciendo **constantemente.**
4 Mandaron un avión para **salvar** a los náufragos.
5 Los **miembros** de la prensa quieren dar una entrevista al acusado.
6 El abogado quiso **cubrir de nuevo** el testimonio del testigo para refrescarle la memoria al jurado.
7 **De ninguna manera** el carcelero se atrevió a abrir la puerta de la celda.
8 Uno de los abogados **hizo saber** que estaba planeando un nuevo enfoque en el litigio.
9 La historia de su vida personal no **nos concierne.**
10 ¿Pudieron comprobar que el acusado **se hallaba** lejos de la escena del crimen?

III Conteste si la oración es verdadera o falsa. Si es falsa, cámbiela por una verdadera.

1 El juez es el que prepara un pleito para presentarlo ante un tribunal.
2 Calumniar a una persona es elogiar sus buenas hazañas.
3 El perjurio es una mentira dicha bajo juramento.
4 Un soborno es una oferta ilegal o inmoral que se hace para ganar algo.

Discusión de la fotografía

1 ¿Cómo describiría Ud. la reacción que expresa el semblante de los miembros del jurado?
2 ¿Parece que se trata de un jurado seleccionado al azar? ¿Por qué?
3 ¿Qué distingue al señor de la corbata a cuadros, que está sentado en el primer término de la fotografía, de casi todos los demás hombres del jurado?

Posibilidades

1 Invente un diálogo en la corte entre un(a) testigo—o varios,—el abogado defensor, el fiscal y el juez, a quienes ven y oyen los miembros de este jurado.
2 Tomando el papel de una de las personas del jurado, escriba un monólogo interior sobre sus pensamientos y reacciones a la evidencia y testimonio que está escuchando ahora.
3 Imagine una discusión entre los miembros de este jurado, una vez concluido el testimonio e iniciadas las deliberaciones particulares y privadas entre los doce.

Para la discusión oral

1 Si Ud. ha presenciado un juicio alguna vez, cuente lo que pasó.
2 Muchos programas de televisión tratan de abogados y tribunales. ¿Se acuerda de algún programa en particular? ¿De qué se trataba?
3 Tal vez el juicio más famoso del siglo veinte en los Estados Unidos fue el de Clarence Darrow y William Jennings Bryan en Tennessee. ¿De qué se trataba el juicio? ¿Qué lado del famoso debate apoya Ud.?
4 Otro juicio, probablemente aún más conocido, fue el de Watergate. ¿De qué se trataba este juicio? ¿Qué piensa Ud. de este desastre nacional?
5 Diariamente hay más crítica de las cortes en los Estados Unidos. Se dice especialmente que los jueces son demasiado indulgentes. ¿Está Ud. de acuerdo? Explíquese.
6 Explique el trabajo de un abogado en los siguientes casos:
   a un testamento
   b un divorcio
   c la preparación de la declaración anual de impuestos
7 ¿A qué cree Ud. que se deba el súbito interés de tantos jóvenes en la carrera de abogado?
8 ¿Piensa Ud. que la criminalidad es producto de la sociedad o del interior del hombre? Explíquese.

Temas de composición

1 ¿Cuál es su opinión sobre la pena capital? Presente sus ideas en un ensayo, discutiendo también si Ud. cree que la amenaza de una sentencia tenga efecto en aminorar el crimen en general.
2 Se habla mucho de la necesidad de reformas en las cárceles y prisiones. ¿Qué entiende Ud. por esta reforma? ¿Está Ud. de acuerdo? ¿Por qué?
3 Actualmente hay dos fuerzas muy contrarias que discuten la cuestión de los presos y las prisiones. Un lado mantiene que la mayoría de los presos podrían llevar vidas honradas si la rehabilitación fuera más eficaz. El otro lado contesta que la mayoría de los crímenes más graves son cometidos

por los reincidentes, que existe una «mentalidad criminal» y que la única manera de proteger a la sociedad es encarcelar más delincuentes e imponer castigos más severos y largos. Escriba un ensayo examinando esta discusión y presente su propia opinión.

4 La delincuencia juvenil ha aumentado mucho en los últimos años. ¿A qué se debe ese incremento? ¿Cuáles son algunas de las medidas que la sociedad debe tomar para combatir este fenómeno?

CAPÍTULO 30
LA POLÍTICA

VOCABULARIO ÚTIL

el partido grupo o bando político
el (la) embajador(a) representante oficial de un país en el extranjero
la embajada edificio oficial del gobierno de un país en el extranjero
el destierro exilio en otro lugar
desterrar mandar al exilio
la campaña política período que precede a las elecciones en que los candidatos anuncian su programa

la derecha the right
la izquierda the left
el (la) derechista rightist; right-winger
el (la) izquierdista leftist; left-winger
el (la) dictador(a) dictator
la dictadura dictatorship
el gabinete cabinet
la Cámara de Senadores Senate Chamber
la Cámara de Diputados House of Representatives
el Ministro de Estado Secretary of State
el Ministerio de Estado, Ministerio de Relaciones Exteriores State Department
el (la) canciller chancellor
el (la) gobernador(a) governor
el (la) alcalde mayor
el (la) estadista statesman
el cuerpo diplomático diplomatic corps
el (la) agregado(a) cultural cultural attaché
la cartera, el portapapeles briefcase

votar por	la anarquía	el (la) candidato(a)
el capitalismo	el (la) anarquista	el tirano
el (la) capitalista	liberal	la tiranía
el socialismo	conservador	la subversión
el (la) socialista	radical	subversivo
el comunismo	republicano	el terrorismo
el (la) comunista	demócrata	la facción
el marxismo	la presidencia	la oposición
el (la) marxista	el (la) senador(a)	el (la) cónsul
el fascismo	el senado	el consulado
el (la) fascista	el congreso	la diplomacia

Ejercicios de vocabulario

I Complete cada oración con la forma apropiada de una palabra de la lista.

partido	Ministro de Estado
embajada	cartera
desterrar	conservador
izquierda	subversión
Cámara de Diputados	diplomacia

1 En las últimas elecciones, más de cincuenta mujeres fueron elegidas para la ________________.

2 Durante el vuelo, estuve sentado al lado de un hombre que tenía una ________________ encadenada a su muñeca. A lo mejor contenía papeles muy importantes.

3 Después de la caída del gobierno, la Junta Militar________________al antiguo presidente.

4 El gobernador va a anunciar su candidatura para la presidencia. Pertenece al________________republicano.

5 Algunos países tienen una red de policía secreta para descubrir y reprimir cualquier intento de________________.

6 Hoy en día la________________ se hace cada vez más difícil en vista de tantas crisis internacionales.

7 Aunque las opiniones del candidato son bastante ________________, entiende perfectamente bien la situación doméstica del país, y su programa de reforma promete mucho.

8 Si Ud. pierde su pasaporte en el extranjero, tiene que ir a la ________________ de su país para pedir uno nuevo.

9 Las fuerzas de la ________________ están en contra de la posición moderada del régimen actual.

10 El presidente va a nombrar un nuevo________________para manejar la situación internacional.

II Explique la diferencia entre cada una de las siguientes palabras.

1 un embajador y un cónsul
2 un senador y un diputado (en los EE.UU.)
3 la izquierda y la derecha
4 el capitalismo y el comunismo
5 un dictador y un presidente elegido por el voto popular

III Conteste si la oración es verdadera o falsa. Si es falsa, cámbiela por una verdadera.

1 Vivir en el destierro quiere decir jubilarse como político para vivir en la propia patria.
2 En los Estados Unidos, una persona sólo puede ocupar la presidencia dos veces seguidas.
3 En un gobierno socialista, el estado tiene más control que en una democracia.
4 Los miembros del gabinete del gobierno estadounidense son elegidos por el pueblo.
5 En general, las actitudes de los viejos son más liberales que conservadoras.

DIÁLOGO Una reunión política urgente

En una sala privada del Palacio Nacional, el Presidente del país habla confidencialmente con el Ministro de Relaciones Exteriores, el Ministro del Interior y con un asesor personal. Se nota la extrema preocupación en la cara de cada uno. Han pasado dos días en tensión debido a un levantamiento político.

asesor adviser

Presidente Señores, la situación del país se pone muy grave . . . mucho más grave que esta mañana cuando hablamos por última vez. Acabo de recibir la mala noticia del levantamiento de una parte de la Fuerza Aérea contra mí . . . contra nosotros. Según la última información, tienen detenido al General Olano en el sur. Parece que está bien, pero amenazan con tomar otros rehenes si no renuncio a la presidencia. Dicen que tienen el apoyo del pueblo y que están listos para poner en marcha la captura de mucha gente importante si no accedo a sus peticiones.

rehén hostage

Ministro de Relaciones Exteriores Pero ¿sabe Ud. con seguridad que está preso el General Olano? ¿No será que quieren hacernos creer que lo tienen capturado?

Presidente No, hablé personalmente con él. Llamaron por teléfono, usando mi número secreto. Sólo Uds., los otros ministros y los generales conocen ese número. Reconocí su voz.

Asesor ¿Están seguros los otros generales y los otros ministros?

Ministro del Interior Sí. En cuanto se recibió la llamada, se puso en efecto el plan de emergencia que ya conocen Uds. Cada individuo ha sido localizado y rodeado de escoltas particulares.

Ministro de Relaciones Exteriores ¿Qué será de todos los embajadores y miembros del cuerpo diplomático? Si les avisamos del peligro, la prensa va a enterarse de todo, y habrá pánico general.

Presidente No sé . . . tiene razón . . . pero no podemos dejar de avisarles. Si los guerrilleros llevan a cabo sus planes, sería lógico que empezaran con secuestros y asaltos a los miembros del cuerpo diplomático. Es el mejor modo de hacerse propaganda gratuita en el extranjero.

Ministro del Interior Bueno, el país está tranquilo—mucho más calmado que anoche. El toque de queda ha tenido su efecto. Yo por mi parte creo que debemos esperar a que pase la noche y ver cómo están las cosas por la mañana.

toque de queda curfew

Asesor Estoy de acuerdo. Revelar la emergencia de la situación ahora equivaldría a provocar un alboroto general.

Presidente Pero si los destacamentos de la Fuerza Aérea en el sur se han sublevado . . .

Ministro del Interior Acabo de hablar con el Ministro de la Defensa hace media hora, y dice que no hay peligro. El Ejército y la Marina están con nosotros, y a menos que éstos también se subleven, creo que todo se va a poder controlar. *(Suena el teléfono del número secreto en ese instante. Todos se paralizan.)*

Presidente Bueno, señores, vamos a ver . . . Aló . . .

Preguntas

1 ¿Cuáles son las malas noticias que ha recibido el Presidente?
2 ¿Cómo sabía el Presidente que hablaba personalmente con el General Olano?
3 ¿Qué plan de emergencia se puso en efecto después de la conversación telefónica?
4 ¿Por qué debaten si deben avisar al cuerpo diplomático o no?
5 ¿Cuál es la situación del Ejército y de la Marina, por lo menos por ahora?

LECTURA Las Américas y España

El filósofo español *Julián Marías* (1914-) es conocido por sus escritos de interpretación social y política tanto de la cultura española como de las de otros países de Europa Occidental y del Nuevo Mundo. En la selección siguiente, comenta la posición de Hispanoamérica con respecto al llamado Tercer Mundo.

La condición de occidental le pertenece claramente a Europa, le pertenece también evidentemente a los Estados Unidos, un país inequívocamente occidental; se puede decir lo mismo del Canadá y en cierto modo se puede decir de países que no son ni europeos ni americanos: históricamente Australia es un país occidental. Pero Hispanoamérica no. Hispanoamérica no es sólo, simplemente occidental. Y hay aquí dos posibles tentaciones: una, lo que llamaría yo el europeísmo[1] a ultranza,[2] el olvidar que no es sólo europea, que tiene elementos no occidentales; la segunda, precisamente la opuesta, dejarse arrastrar al olvido de la condición occidental: el indigenismo.[3]

La tentación ésta reviste ahora una forma curiosa: es lo que yo llamaría la tentación del «tercer mundo.» La tentación del tercer mundo es sumamente insidiosa en Hispanoamérica. Esta expresión se acuñó[4] hace unos años para distinguir el primero, es decir, el Occidente, del segundo, que era el mundo más o menos regido u orientado por la Unión Soviética. Entonces se hablaba de un tercer mundo, que era el que se llamaba también de los países no alineados. La expresión ha sufrido cambios semánticos. Ahora se la hace sinónimo a veces de subdesarrollo,[5] como si esto tuviera un sentido histórico y no fuera una condición económico-social; a veces, el tercer mundo, yo diría que es el que se intenta manejar desde el segundo.

[1] **europeísmo** European outlook, perspective [2] **a ultranza** completely, irrevocably
[3] **indigenismo** Indianism; autochthonous perspective [4] **acuñar** to mint, invent
[5] **subdesarrollo** underdevelopment

Pero, en todo caso, ¿es que hay alguna conexión real, alguna semejanza real entre Hispanoamérica y lo que se llama, con alguna propiedad, el tercer mundo? ¿Es que, por ejemplo, hay alguna semejanza entre la Argentina y Nigeria, o el Congo, o Malí, o Tanzania o Corea? Realmente yo no puedo verla. Cuando yo estoy en una ciudad hispanoamericana, cuando estoy en Buenos Aires, o en Santiago, o en Caracas, o en San Juan de Puerto Rico, o en México o en Lima, ¿es que esto se parece nada a Calcuta, o a Bombay o a El Cairo, para hablar de ciudades que conozco? ¿Es que se parece a Dakar, es que se parece a Kinshasa? Yo no veo ninguna semejanza. Yo no veo que los problemas argentinos, o colombianos o peruanos tengan que ver con los problemas de Nigeria, o de Biafra o de Viet Nam o de la Arabia Saudí. Realmente no veo semejanzas ningunas, y por eso me parece una tentación desorientadora, me parece que lejos de verter luz[6] sobre la realidad la confunde. Yo creo que la empresa hispanoamericana es precisamente la integración en Occidente de los elementos no occidentales, de los elementos rigurosamente no occidentales que la componen. Y ahí reside, ahí puede residir la originalidad histórica de Hispanoamérica, su diferencia total respecto de los Estados Unidos, respecto de España, no digamos[7] respecto de los países de Europa.

El Occidente es una realidad histórica y no geográfica; la ciencia y la filosofía griega, el derecho romano, la tradición religiosa judeocristiana, éstos son los orígenes históricos del Occidente. Por tanto el Occidente es una unidad histórico-social, y es una cierta posición básica, fundamental ante la vida, que naturalmente tolera una evolución histórica compleja y multitud de variantes.

[6]**verter luz** aclarar [7]**no digamos** not even to mention

Preguntas

1. Para Marías, ¿qué tienen en común los Estados Unidos y el Canadá?
2. ¿Cómo se diferencia Hispanoamérica de los Estados Unidos y del Canadá?
3. ¿Cuáles son las dos tentaciones opuestas en la interpretación cultural de Hispanoamérica?
4. Actualmente, ¿qué nueva tentación se añade a la comprensión indigenista de Hispanoamérica?
5. Al principio, ¿qué significado se daba al término «tercer mundo»?
6. Según Marías, ¿qué entienden algunos por el mismo término en la actualidad?
7. ¿Qué semejanza ve Marías entre los países de Hispanoamérica y los países que de veras él considera como parte del tercer mundo?

8 ¿En qué consiste la empresa cultural de Hispanoamérica hoy en día?
9 ¿En qué sentido ve Marías que el Occidente es una realidad histórica y no geográfica?
10 ¿Piensa Ud. que la interpretación de Marías de Hispanoamérica y del Occidente es básicamente conservadora o liberal? ¿Por qué?

Expansión de vocabulario

I Estudie detenidamente la lista siguiente. Las palabras que aparecen en letra negra están indicadas en la lectura anterior.

	Adjetivo	*Sustantivo*	*Verbo*	*Adverbio*
1	perteneciente	pertenencia	**pertenecer**	
2	evidente	evidencia	evidenciar	**evidentemente**
3	**opuesto**	oposición	oponerse a	
4	**alineado**	alineamiento	alinear	
5	semejante	**semejanza**	asemejarse a	
6	**desorientador**	desorientación	desorientar	
7	confuso	confusión	**confundir**	confusamente
8	residente	residente[1]	**residir**	
9	original	**origen**[2]	originar	originalmente
10	variante	**variante**[3]	variar	variadamente

[1] también, residencia [2] también, originalidad [3] también, variación, variedad

II Complete cada oración con la forma apropiada de la palabra en letra negra.

1 **pertenecer** Los señores Ayala no ______________ a ningún partido político; son independientes.
2 **evidentemente** Es ______________ que hay una división entre los liberales y los conservadores.
3 **opuesto** El congreso tomó la actitud ______________ a la del presidente en lo que toca al presupuesto nacional.
4 **alineado** El ______________ del nuevo país está en duda; no quiere aliarse ni con Rusia ni con los Estados Unidos.
5 **semejanza** El programa político socialista me parece ______________ al programa de los liberales.
6 **desorientador** Después que se independizó Hispanoamérica de España, hubo años de ______________ política.
7 **confundir** El pueblo está ______________ con tantas promesas de los distintos partidos para las próximas elecciones.

8 **residir** ¿Cuántos ____________ hay en esta vecindad?
9 **origen** Nadie sabe dónde se ____________ la oposición del congreso al plan de reforma social.
10 **variante** El candidato pronunció un discurso que ____________ muy poco de las ideas expuestas por su oponente.

III Reemplace las palabras en letra negra con la forma apropiada de un sinónimo o una expresión parecida de la lista.

en cierto modo	distinguir
a ultranza	en todo caso
precisamente	tener que ver
revistir	componer
sumamente	los demás

1 La política del partido que está en el poder es **exactamente** la opuesta a la del antiguo partido.
2 Lo que quieren los diputados del interior **se relaciona** con el plan anunciado por el Senador Fernández.
3 Sólo los embajadores y cónsules van a estar sentados en la mesa principal; **los otros** no.
4 **Hasta cierto punto** los demócratas y los republicanos comparten las mismas ideas con respecto a las relaciones exteriores.
5 La urgencia de la situación internacional **cobra** un nuevo cariz en vista de la declaración del otro país.
6 Unos jóvenes universitarios se han declarado comunistas **resueltos.**
7 El presidente y los ministros están **muy** preocupados.
8 No puedo **diferenciar** entre este programa político y el otro.
9 No importa que el Sr. Ramos se declare candidato; **sea lo que sea** no podrá ganar.
10 Son muchos los elementos diferentes que **forman** el nuevo plan de acción de política exterior para Asia.

IV Exprese el significado de las siguientes palabras e invente una oración que indique su uso.

1 dejarse (+ infinitive)
2 acuñar
3 regir
4 verter luz
5 por tanto

Discusión de la fotografía

1 ¿Qué sugiere que éste es un discurso importante, tal vez para todo el país?
2 ¿Qué hay detrás de la gran silla del señor que pronuncia el discurso?
3 ¿Qué tiene él para ayudarse a recordar su discurso?

Posibilidades

1 Como si Ud. fuera el señor que pronuncia el discurso, prepare el manuscrito y preséntelo oralmente.
2 Invente una charla—mezclada con las palabras oficiales de este señor—entre dos personas que están escuchando este discurso por radio o por televisión.
3 Suponiendo que este señor es el presidente de un país, imagine una conversación entre él y algunos ministros o senadores después de que termine el discurso.

Discusión de la fotografía

1 ¿Qué distingue al señor de la extrema izquierda de los otros?
2 ¿Qué están haciendo los hombres?
3 ¿Qué bebida están tomando?
4 ¿Qué hay en la mesa?
5 ¿Qué platillo parecen haber terminado? ¿Cómo se sabe?

Posibilidades

1 Imagine las palabras de bienvenida y el brindis propuesto por la persona que hizo la invitación a esta comida.
2 Imagine una conversación durante la comida sobre la política en general o algún asunto en particular entre estos cuatro señores.
3 Suponiendo que dos de estos distinguidos señores son del mismo país y comparten la misma misión, invente una conversación entre ellos, a la mañana siguiente, sobre el banquete, las conversaciones que tuvieron y el éxito o el fracaso de la noche anterior.

Para la discusión oral

1. A base del diálogo, continúe la conversación telefónica entre el Presidente y el que está llamando.
2. En su opinión, ¿cuáles son algunas de las mayores diferencias entre el partido republicano y el partido demócrata en los Estados Unidos?
3. ¿Le gustaría hacer una carrera en la política de su ciudad, del estado o del país algún día? ¿Por qué?
4. Si Ud. conoce el sistema político de otro país, explique en qué estriban sus diferencias con el sistema estadounidense.
5. En su opinión, ¿cuál es la cuestión política actual más importante o urgente:
   a en el gobierno local
   b en el gobierno del estado
   c en el gobierno nacional
   d en el panorama internacional
6. ¿Qué piensa Ud. del presidente actual de los Estados Unidos? Defienda su punto de vista.
7. ¿Qué personaje político actual admira Ud. más? ¿Por qué? ¿Qué antiguos personajes políticos admira Ud.? ¿Por qué?
8. ¿Qué piensa Ud. de las Naciones Unidas?
9. ¿Qué piensa Ud. de la CIA? ¿Hasta dónde debe llegar su influencia?
10. ¿Qué piensa Ud. del FBI?
11. ¿Cree Ud. que es el deber de una nación mostrar el camino a otra nación? ¿Cuál puede ser la relación ideal entre un país industrializado y un país en vías de desarrollo?

Temas de composición

1. En la selección de Julián Marías, se sugiere que el tercer mundo es aquel que la Unión Soviética intenta manejar. ¿Está Ud. de acuerdo con esta interpretación? ¿También intentan los Estados Unidos manejar a otros países del tercer mundo? Elabore sus ideas sobre esta cuestión en un ensayo y cite casos específicos en que tanto los países soviéticos como los Estados Unidos han intentado influir directa o indirectamente en el destino de otras naciones.
2. ¿Qué reformas políticas considera Ud. más importantes para asegurar un gobierno—local o nacional—moral e incorrupto?
3. Analice en un ensayo la posición internacional de los Estados Unidos con respecto a un país o situación individual o frente al mundo entero.
4. ¿Qué opina Ud. del esplendor con que se rodea al mundo diplomático o al mundo de los altos círculos políticos?
5. Algunos de los más grandes líderes de la antigüedad como del mundo contemporáneo han sido personalidades presas de una insaciable sed de poder. En un ensayo, compare desde este punto de vista a dos personajes de la historia.

Ejercicios Diversos

Mire Ud. cada una de las siguientes fotografías.

1 Describa todo lo que Ud. ve en la fotografía.
2 Imagínese ser una de las personas de la foto y relate sus sentimientos en forma de un monólogo.
3 En caso de que haya más de una persona en la fotografía, entable una conversación con una de las otras personas.
4 Describa la fotografía desde el punto de vista artístico. Imagínese ser el fotógrafo que sacó la foto y explique por qué decidió sacarla.
5 En forma de composición, describa su reacción a cada fotografía.

Eastman Kodak Company

Una conversación

El amor

Puerto Rican Information Service

Asiatic Petroleum Corporation

Un pueblo de Colombia

Una sorpresa

Eastman Kodak Company

Memorial Library, Columbus

Una manifestación en Bolivia

Una plaza de Cuernavaca

Mexican National Tourist Council

Memorial Library, Columbus

Un rancho argentino

VOCABULARIO

A

abajo downstairs, underneath
abandono abandonment
abarcar to include, to cover
abogado lawyer
  — **defensor** defense attorney
abollado dented
abono fertilizer
abordar to go aboard, to get on
aborto abortion
abreviar to condense
abrigado covered
abrigo (over) coat
abrochar to buckle, to fasten
abstraerse to be absorbed, to be distracted
abstraído distracted
aburrimiento boredom
aburrir to bore
abuso abuse, taking advantage
acabar de to have just
  acabar(se) to end, to run out
acalorado heated
acceder to give in
acciones (f.) stocks
accionista (m. or f.) stockholder
aceite (m.) oil
aceitoso oily
acelerar to accelerate
aceptación (f.) acceptance
acera sidewalk
acercar(se) to approach
acero steel, blade
aclarar to clear up
acogedor warm, appealing
acongojar to sadden, to grieve
aconsejable advisable
aconsejar to advise
acontecer to happen
acordarse (de) to remember
acostumbrarse (a) to get accustomed to
actitud (f.) attitude
actriz (f.) actress
actuación (f.) acting

actual present-day
actualidad (f.) present day
actuar to act
acuerdo agreement
  estar de — to be in agreement
acumulación (f.) large quantity, building-up
acuñar to mint
acurrucarse to curl up
achaque (m.) sickliness, indisposition
adecuado suitable, fitting
adecuar to fit, to adapt
adelantar to move forward, to move ahead
adelante ahead
  en — from now (then) on
adelanto advancement
ademán (m.) gesture
adentro inside
adiestrado trained
administrador (m.) clerk, person in charge
administrar to manage
adoptivo adopted
adorno decoration
aduana customs
aduanero customs official
advertir to make known, to tell, to advise, to warn
aeromoza stewardess
afán (m.) eagerness, desire
afeitar(se) to shave
aficionado fan, supporter
aflojarse to become loose, to become unfastened
afortunado fortunate
afuera outside
  afueras outskirts
agacharse to stoop down, to bend down
agarrar to grasp, to pick up
agencia de publicidad advertising agency
agente viajero (m. or f.) traveling sales representative
agotar(se) to run out, to expire
agradar to please
agradecer to be grateful
agradecido thankful, grateful
agraviado offended
agregar to add
agricultor (m.) farmer
agrupar(se) to form in a group, to get together
aguada source of water, watering place
agudo sharp, acute
ahora now
  — mismo right now
ahorrar to save (money, time)
ahorros savings
aire (m.) air
  — acondicionado air conditioning
  al — libre in the open air
aislado isolated
ajedrez (m.) chess
ajeno of another (person), strange, foreign, alien
ajo garlic
ajustar to adjust, to calculate
ala wing
alarido screech
alarmante alarming
albañil (m.) mason, construction worker
alboroto uproar, disturbance
alcalde (m.) mayor
alcance (m.) reach
  al — within reach
alcanzar to reach, to be able, to last
aldea village
alegrarse (de) to be happy about
alejar(se) to move away, to move apart
alergia allergy
algodón (m.) cotton
aliado ally

aliarse to become an ally
aliento breath
alimentar to feed
alimento food
alineado aligned
alineamiento alignment
alistar(se) to enlist
aliviar to help cure, to aid
aliviarse to get better, to get well
alma soul
almacén (m.) store, department store, warehouse
almorzar to have lunch
alojamiento lodging, accommodations
alojarse to stay (in a hotel), to lodge
alquilar to rent
alquiler (m.) rent
alrededor (de) around
alterar to alter
altibajos ups and downs
altruista (m. or f.) altruist
altura altitude
alumbrar to illuminate
alumnado student body
alzar to raise
allá + person that's up to . . .
amaestrar to train
amarillento yellowish
amanecer to wake up, to dawn
amargo bitter
Amazonas (m.) Amazon
ambiental related to the atmosphere or environment
ambiente (m.) atmosphere, environment
amenaza threat
amenazar to threaten
ametralladora machine gun
amigdalitis (f.) tonsillitis
aminorar to lessen, to reduce
amistad (f.) friendship
amontonar(se) to pile up
amorío love affair
amplitud (f.) expanse
amueblado furnished
anciano old (person)
andar de paseo to stroll
andén (m.) platform
anécdota anecdote
anestesia anesthesia
anfitrión (m.) host
anhelo desire, longing
anillo de compromiso engagement ring
animado excited, encouraged, in the mood
animar to enliven
  animarse to feel like doing something, to be enthusiastic
anoche last night
anochecer nightfall, to become night
anónimo anonymous
ansioso anxious
anteanoche night before last
anteayer day before yesterday
antemano beforehand
anteojos glasses
anterior previous, before
anticipo deposit, down payment
anticonceptivo contraceptive
anticuado old-fashioned
antigüedad (f.) antique, antiquity
antiguo old, former
antipatía dislike
antojar to fancy, to want
anunciarse to advertise
añadir to add
añorar to long for
apagar to put out
aparato apparatus, device
  aparatos equipment
aparentar to look like, to appear as
apartado mailbox
apartar(se) to move apart, to separate
apatía apathy

apearse to get out, to get down, to get off
apelación (f.) appeal
apenas scarcely
aperitivo apéritif, appetizer, drink
apetecer to long for
aplacar to appease, to placate, to calm
aplanchar to press
aplazar to delay, to postpone
apoderarse (de) to take possession of
apodo nickname
apogeo apogee
apostar to bet
apoyar(se) to support
apoyo support
aprendizaje (m.) apprenticeship
apresurado in a hurry
apresurar(se) to hurry
apretado close together, squeezed in
apretar to press, to squeeze
apretón (m.) pressure, sensation
aprobar to approve, to pass
apropiado appropriate, correct, fitting
aprovechar to take advantage (of)
apuntar to take note of, to jot down
apunte (m.) note
aquél the former
arado plow
árbitro referee
arboleda grove
archivo file cabinet
arena sand
armario rack, cabinet, closet
armonía harmony
armónico harmonious
arrancar to start, to pull away, to pull out
arranque (m.) start, starter
arrastrar to pull, to drag
arreglar to arrange, to fix up
arreglo arrangement
arreglos alterations
arrendamiento rent, rental, renting
arrestar to arrest
arriesgar to risk
arrugar(se) to wrinkle
arruinar(se) to be ruined
arrullado lulled (to sleep)
artardar(se) to stay behind
arte (m.) art
bellas artes (f.) fine arts
artesanía crafts, craftsmanship, handmade goods
artesano craftsman
artillería artillery
asado steak, roast
asalto assault, attack, mugging
ascendencia ancestry
ascender to promote
ascenso promotion
ascensor (m.) elevator
asedio siege
asegurar to insure
asemejarse (a) to resemble, to be like
asentar(se) to place, to settle down
aseo cleanliness, neatness, personal care
asesinar to murder
asesinato murder
asesino murderer
asiento chair, seat, place
asignar to assign
asignatura course
asomar(se) to appear
áspero rough
aspiradora vacuum cleaner
asta mast
a media — at half mast
astucia astuteness, cunning
asunto question, matter, business
atajo short cut
ataque (m.) attack
atención (f.) attention
prestar — to pay attention

atender to take care of, to wait on
atento attentive, obliging, careful, courteous
aterrizar to land
atestiguar to witness
atractivo attraction
atraer to attract
atrapar to trap
atrayente attractive
atreverse (a) to dare
auditorio audience
aumentar to increase
aumento increase
  en — on the rise
auricular (m.) earphone
ausencia absence
ausente absent
autobús (m.) bus
automovilista (m. or f.) driver
autopista highway
auxilio help, assistance
avance (m.) advance
avanzar to advance
aventurar to adventure, to dare to say
avergonzarse to be embarrassed
avería damage, breakdown
averiado damaged
averiguar to determine, to find out
avisar to notify, to advise, to tell
aviso announcement, sign
  avisos clasificados classified ads
ayuda help, assistance
ayudar to help
ayuno fasting
  en ayunas fasting
ayunas, en fasting
azafata stewardess
azar (m.) chance
  al — at random

B

bailable for dancing
bailarín (m.) dancer
baile (m.) dance
bajar to go down, to get off
bajo low
balanceo swinging, rocking
balbucir to stammer
balde, en in vain
baldosa tile
balneario bathing resort
bandera flag
banquero banker
banquete (m.) banquet
bañista (m. or f.) bather
barba chin, beard
bárbaro wild
barco boat
barra bar
barrio sector, slum
barroco Baroque
basarse (en) to be based on
base (f.) base, basis
  a — on the basis
bastar to be sufficient
bastardilla italics
bastón (m.) cane
basura trash, garbage
batalla battle
batir to beat
baúl (m.) trunk
bebé (m. or f.) baby
bebida beverage, drink
beca scholarship, fellowship
becerro calf
bélico warlike
bendito blessed, doggone
beneficencia pública public welfare
besar to kiss
bestia beast
biblioteca library
bien good, well-being
  más — rather
bienes raíces (m.) real estate
bienestar (m.) well-being
bienvenida welcome

bigote (m.) mustache
bilingüe bilingual
billete (m.) bill, ticket
billetera wallet
bistec (m.) steak
bocacalle (f.) intersection
bocina horn
bochornoso sultry, awful
boda wedding
bohemio Bohemian, beatnik
boina cap
boletín (m.) bulletin
bolsa purse, bag, stock market
bolsillo pocket
bomba pump, bomb
bombardeo bombing
bombero fire fighter
bordo border
  a — on board
borrar to erase
borroso blurred
botánica botany
botar to throw away, to throw out, to fire
botella bottle
botones (m.) bell hop
bóveda dome
boxeador (m.) boxer
boxeo boxing
brasileño Brazilian
bravo rough, stormy
breve brief, short
bribón (m.) rascal, cad
brillantina hair oil
brillo brightness, luster
brilloso shiny
brindis (m.) toast
brisa breeze
brocha brush
broma joke
  en — jokingly
bromear to joke
bromista (m. or f.) joker
bruto dolt, big fellow
buceo (skin) diving
buen mozo good-looking, nice guy
buenas a primeras, de all of a sudden, without warning
bulto (large) package, box
bullente boiling
buró (m.) bureau
buzón (m.) mailbox

C

cabaret (m.) cabaret, nightclub
cabeza head
  lavarse la — to wash one's hair
cacha side of razor handle
cachorro puppy, cub
cada each
  — vez más increasingly
cadena chain
caída fall
caimán (m.) alligator
caja cashier, box
  — fuerte safe
cajero cashier
calefacción (f.) heat, heating (system)
calidad (f.) quality
calmante (m.) painkiller, depressant
calmar(se) to calm down
calumniar to slander
caluroso hot
calvo bald
calle (f.) street
  — arriba up the street
callejero (of the) street
callejón (m.) ravine, alley
cama bed
  — matrimonial double bed
Cámara de Diputados House of Representatives
camarera maid, waitress
camarero waiter
camarón (m.) shrimp

cambiar to change, to exchange, to cash
cambio change, exchange, rate of exchange
camilla rodante stretcher, roll bed
camino way, road
en — de on the way to
camión (m.) truck
camiseta (under) shirt
campeonato championship
campesino farmer
camuflaje (m.) camouflage
canas white (grey) hair
cancha court, field
candente candent
candidatura candidacy
canela cinnamon
cansancio fatigue
cansar to tire
cantante (m. or f.) singer
cantidad (f.) quantity
cantina bar
capa layer
— posterior trunk
capataz (m.) foreman, supervisor
captado captured, governed
¡caramba! Gads! Gracious me!
caramelo (piece of) candy
carbón (m.) coal
cárcel (f.) jail
carcelero jailer
careta mask
— antigás gas mask
cargamento cargo, shipment
cargar to charge, to carry
cargo charge
tener a su — to be in charge, to be responsible
Caribe (m.) Caribbean
cariño affection
carioca (m. or f.) resident of Rio de Janeiro
cariz (m.) look, appearance
carrera career, race, running
carretera highway
carrito cart
cartera briefcase
cartero mail carrier
cartón (m.) cardboard
casado married
casarse (con) to marry
casco helmet
casilla mailbox
castigar to punish
castigo punishment, penalty
casualidad (f.) chance
por — by chance
casucha hovel, poorhouse
catedrático professor
categoría category
de primera — first-rate, class
caza hunting
cebo grease, tallow
célebre known, famous
célula cell
cencerro cowbell
ceniza ash
censura censorship
centro downtown
cepillo brush
cerca fence
cerca de near
cerrojo lock
certificar to certify, to register
cesar to end
cicatriz (f.) scar
ciclismo bicycling
ciencia science
— ficción science fiction
científico scientific
ciento one hundred
por — per cent
cifra figure
cima summit
cinc (m.) zinc
cinematográfico related to the cinema
cinismo cynicism

cinturón (m.) belt
circular to circulate, to send around
circunstante (m. or f.) bystander, onlooker
cirugía surgery
cirujano surgeon
cita appointment
citar to quote
  citar(se) to make an appointment, to arrange a time
ciudadanía citizenry, citizenship
ciudadano citizen
civil civilian
clase (f.) type, kind
  — obrera working class
clave (f.) key, clue
clavo nail
cobrar to charge
cobre (m.) copper
cobro cashing
cocido (hard) boiled
cociente quotient
  — intelectual IQ
coctel (m.) cocktail
coche (m.) car
  — de alquiler car for hire, taxi
codear to elbow
codicia greed
cofre (m.) hood, trunk
cojín (m.) cushion
cola line, tail
  hacer — to stand in line
colega (m. or f.) colleague
colegio high school
cólera anger
colgar to hang (up)
colmena beehive
colocar(se) to place
color (m.) color
  — liso solid color
coloreado colored
colorete (m.) rouge
combustible (m.) fuel
comercio business
comida food, meal, dinner
comisaría police station
cómo how
  — no of course
comodidad (f.) comfort
compartir to share
compás (m.) time, rhythm
  al — de in time with, in rhythm with
compatriota (m. or f.) fellow country person
competencia competition
complacerse (en) to take pleasure
complejo complex
completar to complete, to fill out
completo complete
  por — completely
complicarse to become involved
componer to repair
comportarse to act, to behave
compositor (m.) composer
compostura repair
compra purchase
  de compras shopping
comprender to include
comprensión (f.) understanding
comprobante (m.) ticket stub
comprobar to prove
comprometido engaged
computadora computer
comunicar(se) (con) to get in touch
con tal de provided
concernir to concern
concertista (m. or f.) concert artist
conciencia conscience, awareness
concurrido busy, popular, well attended
conducir to guide, to lead, to drive
conejo rabbit
conferencia lecture
confianza confidence
  de — trustworthy, reliable, on an intimate basis
conformarse (con) to be content

confundido confused
confundir to confuse
confuso confusing, confused
conjunto whole, ensemble, musical group, combo
  en — all together
conseguir to get, to obtain
consejero adviser
consejos advice
conservador conservative
consigna baggage room, watchword
consistir (en) to consist
consulta consultation
  — externa out-patient services
consumidor (m.) consumer
consumo consumption, use
contado, al in cash
contador (m.) accountant
contagio contagion
contaminación (f.) pollution
contar to count
  — con to count on
contener(se) to restrain
contenido contents
contestación (f.) answer
continuación (f.) continuation
  a — below, following
contradictorio opposite
contrario opposite, opponent
  al — to the contrary
  contrarios opposition
  de lo — otherwise
contraseña stub, voucher
contratación (f.) contract
contratar to take, to contract
contratista (m. or f.) contractor
contrato lease, contract
controvertido controversial
convenir to suit, to be correct
convertir(se) (en) to convert
convicto convict, convicted person
convidar to invite
convoy (m.) convoy, train
corazón (m.) heart
  partir el — to break one's heart
corbata necktie
cordero lamb
cordón (m.) cord
cordura prudence, wisdom
coronilla crown, top of the head
  estar hasta la — to have had it, to be fed up
corredor (m.) hallway
correo mail, post office
correr to speed, to drive fast, to run
correspondiente corresponding
corresponsal (m.) correspondent
corrida bullfight
corriente common, everyday, ordinary, current
cortar to cut
corte (f.) court, (m.) cut
cortés courteous
corto short
cosa thing, question, matter
cosecha harvest, crop
coser to sew
costear to finance, to pay for
costo cost
costoso costly
costumbre (f.) custom
costurera seamstress
cotización (f.) current price
cráneo skull
creador creative
crecer to increase, to grow
crecido long, grown
creciente increasing
crecimiento growth, increase
crédito credit
  a — on credit
creencia belief
crespo curled, curly
cría litter, baby
criar to grow up, to raise
crimen (m.) crime
cristal (m.) pane, glass, crystal
cruce (m.) cross (walk)

crucero de peatones crosswalk
crucigrama (m.) crossword puzzle
cruzar to cross
cuaderno notebook
cuadra block
cuadro picture
  a cuadros checkered
cuartel (m.) barracks
cuclillas, en squatting
cuchara soup spoon
cucharita spoon
cuchillo knife
cuello throat, neck
cuenta bill, check, account
  darse — de to realize
  en resumidas cuentas in last analysis
  tomar en — to take into account
cuerdo sane
cuero leather
cuerpo body
cuesta hillside, slope
cuestión (f.) issue, question
cuestionario questionnaire
cuidado careful, cared for, kept up
  — intensivo intensive care
cuidar to take care of, to watch
culminar to culminate, to end
culpabilidad (f.) guilt
culpar to blame
cultivar to grow
culto refined
cumpleaños (m.) birthday
cumplir to fulfill, to comply
cura (m.) priest, (f.) cure
curita (small) adhesive bandage
cutis (f.) skin

CH

chaleco vest
  — salvavidas life preserver
chantaje (m.) blackmail
charco puddle, pool
charla talk, chat
chequear to check
cheques de viajero traveler's checks
chicle (m.) chewing gum
chimenea fireplace
chispa spark
chocante shocking, surprising
chocar to run into, to prove irritating, to shock, to aggravate
chofer de taxi (m.) taxi driver
choque (m.) accident, collision
chorro flow, stream
  a chorros in large quantity, profusely, cats and dogs
chubasco squall
chueco lopsided, to one side
chuleta chop
churrasco barbecue, meat

D

damas checkers
dañino harmful
daño damage, harm
dar to give
  — a to face on, to look out over
  — a luz to give birth
  — a + verb to let be + verb, to make + verb
  — cara (a) to face
  — con to meet, to find
  — lo mismo to be all the same
  — + hour to strike
  darse por to consider oneself
datos data, information
debatido debated, argued
debidamente duly
debido a due to
debilidad (f.) weakness
debilitado weakened
debilitar to weaken
década decade
decano dean

décimo tenth
decorador decorator
  — de interiores interior decorator
dedo finger, toe
dehesa pasture, meadow
dejar to leave, to drop off
  — de to cease, to stop
delante ahead, in front
delantero front
delgado thin, slim
delineado delineated
demanda demand
  poner una — to sue
demás rest
demora wait, delay
demorar to delay, to take a long time
departamento department, apartment
depender de to depend on
dependiente (m. or f.) clerk
deporte (m.) sport
deportista (m. or f.) sportsperson
deportivo sporting, sports
depósito warehouse, storage place
depurado careful, developed
derecho straight ahead, right, law
derretir to melt
derribar to knock down
derrumbar(se) to collapse, to fall in (down)
desacuerdo disagreement
desagrado displeasure
desalentado discouraged
desamparo lack of protection, helplessness
desaparición (f.) disappearance
desarmador (m.) screwdriver
desarmar to disarm
desarme (m.) disarmament
desarrollar to develop
desastre (m.) disaster
desayunar(se) to have breakfast
descansar to rest, to relax
descanso break, rest
descargar to unload
descolgar to hang
descomponerse to break down
desconocer not to know, to be unknown
desconocido unknown
descontar to discount
descoser to unravel
descrito described
descubrimiento uncovering
descubrir to discover, to uncover
descuidado careless
descuido negligence, carelessness
desempeñar to carry out, to do
desempleo unemployment
desenfrenado unleashed
desengaño disillusionment, disappointment
desenvolver to unfold
desfavorable unfavorable
desgraciadamente unfortunately
deshacer to undo
desierto deserted
desilusión (f.) disappointment
desinflado flat, deflated
desmanear to unfetter
desmayado unconscious, out
desmayarse to faint
desmontar to take apart
desmoralizado demoralized
desocupado unoccupied, empty, vacant
desocuparse to become empty
desorden (m.) confusion
desorientador confusing
despacho dispatch, office
despecho displeasure, disrespect
  a — de in spite of
despedir to fire, to discharge
despedir(se) (de) to say good-bye, to depart
despegar to take off
despegue (m.) takeoff

despeinarse for hair to become messed up
despertar(se) to wake up
despido firing, dismissal
despistar to throw off the track
desplazar to take the place of
desprender(se) to become unfastened
desprestigiar to disparage, to tear down
desquitarse (con) to get even with
destacamento detachment
desterrar to banish, to send into exile
destierro exile
destinatario addressee
destreza ability, skill
desuso lack of use
desván (m.) attic
desventaja disadvantage
desviación (f.) detour
detalle (m.) detail
deterioro decay
detrás behind
deuda debt
devaluar to devaluate, to go down in value
devolver to return, to take (give) back
día feriado holiday
diablo devil
  ¡qué diablos! what the devil!
diagnóstico diagnosis
diamante (m.) diamond
diariamente daily
diario diary, newspaper
dibujo design, sketch, drawing
dictamen (m.) dictum, judgment
dicho aforementioned
diente (m.) tooth
diferenciar to be different
diferir to differ
difundido widespread
diócesis (f.) diocese
dios (m.) god
diputado representative
dirección (f.) address
discrepante different, discrepant
discurso speech
diseñar to design
diseño design
disfrazar(se) to disguise
disgustarse to become annoyed, irritated
disgusto anger, annoyance
disidencia dissidence
disimular to pretend, to hide, to cover up
disminuir to diminish, to lessen, to reduce
dispensar to excuse
disponible available
dispuesto ready
distinto different
distraer(se) to amuse, to entertain, to have a good time
distribución (f.) layout, floor plan
disturbio demonstration, riot
divergencia divergence
diversión (f.) game, pastime, fun
divertido amusing, fun
divertir(se) to have a good time
divisar to make out
doblar to turn, to double
doble (m.) double, double room
dolencia ailment
doler to hurt, to be painful
domador (m.) horsebreaker, tamer
domar to break in, to tame
dominarse to get control of oneself
dominio command
dormirse to go to sleep
dorso back
  al — on the other side
dramaturgo dramatist, playwright
ducha shower
ducharse to take a shower
duda doubt
dudoso doubtful

dueño owner
dulce (m.) sweet, (piece of) candy
duradero (long) lasting
durar to last
duro hard

E

echar to add, to put (on), to discharge
 — de menos to miss
echarse to stretch out
 — hacia atrás to lean back
edad (f.) age
edificio building
educativo educational
efectivamente in fact, in reality
efectivo effective
 en — (in) cash
efectuar to carry out, to do, to effect
efervescencia effervescence
eficaz effective
eficiencia efficiency
ejecución enforcement, execution
ejecutar to execute
ejemplar exemplary
ejemplarizar to exemplify
ejercer to exercise, to practice
elaborar to develop, to elaborate
electo elected
elector (m.) voter
elegir to elect
elemental elementary
elenco cast
elogiar to praise
elogio praise
embajada embassy
embajador (m.) ambassador
embarazada pregnant
embarazo pregnancy
embarcado shipped
embarque (m.) shipment
embellecer to make beautiful
emboscada ambush
embrutecedor brutalizing
emigrar to emigrate, to migrate
emisora broadcasting station
emocionado excited
emocionante dramatic
empaquetar to pack, to package
empatar to tie
empate (m.) tie
empeñarse (en) to insist on
empeorarse to grow worse
empleado employee, worker
empresa business, undertaking
empujar to push
enamorado in love
enamorarse (de) to fall in love
encadenado chained, linked
encaje (m.) lace
encaminar(se) to get on the right track
encantado gladly, pleased
encantar to like very much, to please greatly
encanto charm, appeal
encarcelar to put in jail
encargado attendant, person in charge
encargarse (de) to be responsible for
encarnar to embody
encendido (turned) on, inflamed
encerrar to close up, to close in
encima on top
 por — de on top of, over
encinta pregnant
encontrar to find
encuentro meeting
encuesta poll
enchufar to plug (in)
enchufe (m.) plug
endosar to endorse
enemigo enemy
enfadarse to become angry
enfermera nurse
enfoque (m.) focus

enfrentar to meet, to confront, to face
engañoso deceitful
engreído spoiled
enjabonarse to lather, to soap
enjugarse to wipe
enlatado canned
enlazar to link
enmendar to correct
enojado angry
enorgullecerse (de) to be proud (of)
enredadera vine
enredarse to become entangled, to become involved
enredo entanglement, involvement
ensayar to rehearse
ensayo essay
enseñanza teaching
enseñar to show, to teach
ensordecedor deafening
ensuciar(se) to (get) dirty
entablar to start
enterado (de) aware (of), knowledgeable
enterarse (de) to find out, to become informed
entero whole
entorpecer to obstruct, to slow up
entrada entrance, driveway, entry, ticket
entrante coming
entre tanto in the meantime
entrecortado broken, choppy
entregar to hand over, to give
entrenador (m.) trainer
entrenamiento training
entrenar to train
entretener to entertain
entrevista interview
entristecerse to become sad
enumerar to enumerate
envejecimiento aging (process)
enviciarse to become addicted
envío shipment, sending
envolver to wrap, to cover
equilibrio balance
equipaje (m.) luggage
equipo team, equipment
equivaler to be equivalent
equivocado wrong, mistaken
escala stop (airplane)
escalera staircase, stairs, ladder
  — de salvamento fire escape
escalinata staircase
escaparate (m.) show window
escape (m.) exhaust
escaramuza skirmish
escasez (f.) shortage
escaso scarce, low
escenario stage
esclavizar to enslave
escoba broom
escoger to select, to choose
escolar school
escolta escort, attendant
esconder to hide
escritorio study, office, desk
escritos writings
escuela superior high school
escultura sculpture
esfuerzo effort
espacioso spacious
espalda(s) back
  de — with the back turned
espanto fear, surprise
especialidad (f.) specialty
especialista en publicidad (person) in advertising
especializado specialized
especie (f.) type, kind
especificar to specify
espectáculos show business, attractions
espectador (m.) spectator
espejismo mirage
espejo mirror
espera wait
esperar to wait

espíritu (m.) spirit
esplendor (m.) splendor
espontáneo spontaneous
esposa wife
  esposas handcuffs
esposar to handcuff
esposo husband
  esposos man and wife, married couple
espuma foam, lather
esquina corner
esquivar to shun, to avoid
estación (f.) season, station
estacionamiento parking
estacionarse to park
estadía stay
estadio stadium
estadista (m.) statesman
estadounidense (of the) United States
estafa trick, swindle
estallar to explode, to burst, to erupt
estampilla stamp
estancia stay, ranch
estándar (m.) standard
estante (m.) shelf
éste the latter
estética aesthetics
estilarse to be worn, to be in style
estimulante (m.) stimulant
estimular to stimulate
estipulado stipulated
estrecho narrow
estrella star
estremecer(se) to shake
estreno commencement
  próximos estrenos coming attractions
estribar to be based
estropear(se) to become bad, to cease functioning
estructura structure
estudiantil related to the student
estudio study
estufa stove
estupefacto stupefied
estupendo wonderful
etapa level, stage (point in time)
etiqueta social social etiquette, social graces
eutanasia euthanasia
evacuar to evacuate
evitar to avoid
exceso excess
exigir to demand, to need
exigente demanding
existencia existence
  en — available, ready
existencialista (m. or f.) existentialist
existente in existence
éxito success
  tener — to be successful
expectativa expectation
expender to sell, to circulate
experimentar to experiment, to experience
explorador (m.) explorer
exponer to show, to state, to reveal
exposición (f.) show
extenso extensive
exteriorizarse to reveal, to show outwardly
extraer to extract
extranjero foreign, foreigner, abroad
extrañar to miss, to be surprising
extraviado lost, astray
extraviarse to get lost, to go astray
extremo end

F

fábrica factory
fabricación (f.) manufacture, manufacturing
fabricante (m.) manufacturer

fabril (of a) factory
facción (f.) feature
factura invoice
facturar to check (luggage)
facultad (f.) school, (mental) faculty, capacity
facha appearance, look
fachada facade
falda skirt
fallar to fail
  sin — without fail
fallo decision
falta lack
  hacer — to need
fama fame
familiar family
fantasmal phantasmal, ghostly
farmacia pharmacy, drugstore
fascinar to fascinate, to capture one's attention
fastidiar to annoy, to bother
fastidioso annoying, bothersome
fe (f.) faith
fecha date
felicidad (f.) happiness
felicidades (f.) congratulations
fenómeno phenomenon
fertilizante (m.) fertilizer
festejar to honor, to fete, to entertain
ficticio fictitious
fichero card file
figurar to be included
fijarse (en) to notice
fijo set, fixed
fila row, file
filo edge, line
  tener — to be sharp
filósofo philosopher
filtración (f.) filtering
fin (m.) objective, end
financiero financial
finca farm
fingir to pretend
firma firm, company, signature
firmar to sign
firmeza firmness
  con — firmly
fiscal (m.) prosecuting attorney
flaco thin
flan (m.) pudding
flojo lazy
flota fleet, navy
foco (light) bulb
fogón (m.) fire
folleto brochure, pamphlet
fonda inn
fondo background, fund
  a — completely, deeply
  al — in the back(ground)
  fondos funds
forastero stranger, outsider
formal responsible, reliable, formal
formulario form
forro lining
forzado forced
  verse — a to be obliged
frac (m.) tuxedo
fracasar to fail
fracaso failure
fracturar(se) to fracture, to break
fraguar to scheme, to hatch
franqueo (m.) postage
fraude (m.) fraud
frazada blanket
fregadero sink
frente (m.) front
  — a in front of, in the face of
  en — in front, across the street
frente (f.) forehead
fresco fresh, cool, forward
frontera border, fringe
fruto fruit
fuera outside
  por — on the outside
fuerza strength, force
  — de voluntad will power
función (f.) function, show, program, performance
funcionamiento running, managing

funcionar to work, to be operating
funda case
fundirse to burn out
fútbol (m.) soccer, football
futbolista (m.) soccer (football) player

G

gabinete (m.) booth, cabinet, drawing room
gafas glasses
galletas saladas saltines
gamuza suede
ganado cattle
ganancias profit, earnings
ganar to win, to earn
ganarse al público to win (over) an audience
gana inclination, desire
tener ganas de to feel like
ganga bargain
garantizar to guarantee
gasolinera filling station
gasto expense, expenditure
gaucho gaucho
gelatina jello
gemelos twins
gerente (m.) manager
germen (m.) beginning
gesto gesture
gimnasia gymnastics
hacer — to do exercises
gira tour
girar to revolve
giro draft
— postal money order
gobernador (m.) governor
gobernar to govern
golpe (m.) blow, strike
golpear to hit
gordo fat
gorra cap
gorro cap
gota drop
gozar (de) to enjoy
grabado en acero print
gracioso amusing, funny
graduarse to graduate
granizo hail
grano, ir al to get to the (heart of the) issue
grasa grease
gratis free
grato pleasing
ser — to be a pleasure
gratuito free
grave serious
gravedad (f.) seriousness
griego Greek
grieta crack, fissure
gripe (f.) flu
gris grey
gritar to shout
grosero rude
grueso thick
guapo handsome
guardacostas (m.) Coast Guard
guardar to keep, to save, to retain
guardia guard
en — poised, ready
guarecido protected, sheltered
guerrillero guerrilla
guía (m. or f.) guide
guiar to guide, to drive
gusto taste, pleasure
buen — good taste
con todo — gladly

H

haber to have
habitación (f.) room
habitado inhabited
habitante (m. or f.) inhabitant
hablante (m. or f.) speaker
hacerse to become
halagar to flatter, to compliment
hallarse to be, to find oneself
hallazgo finding, discovery

hambre (m.) hunger
entrarle a uno — to get hungry
hamburguesa hamburger
hampa underworld
harapiento ragged
hazaña deed, feat
hebilla buckle
hecho fact
hechura make, workmanship, confection
helado ice cream
hélice (f.) propeller
herencia inheritance, background, ancestry
herida wound
herido wounded person
herradura branding
herramienta tool
hielo ice
hígado liver
hilo thread
hinchar to swell
hinchazón (f.) swelling
hipotético hypothetical
hirviente boiling
hispanoparlante Spanish-speaking
historial clínico medical case history
hogar (m.) home
hoguera bonfire
hoja blade, sheet of paper, leaf
— de servicio employment record
hombría manliness
hombro shoulder
hondo deep
honrado honest
horario schedule
hormiguero anthill
horno oven
al — baked
horrorizado horrified
hospedaje (m.) lodging
huelga strike
huella track, trace, footprint
— digital fingerprint
huerto fruit or vegetable garden
huésped (m. or f.) guest
huevo egg
humanista humanistic
humear to smoke
humo smoke
hurgar to look (in), to poke around

I

ida y vuelta round trip
ignorar not to know, to ignore
igual equal
por — equally
ser — to be the same
ilegal illegal
ilimitado unlimited
ilustrar to teach, to illustrate, to enlighten
imagen (f.) image
imaginar to imagine, to think up, to suppose
imparcialidad (f.) impartiality
impasible impassive
impedir to prevent
imperdonable unpardonable
impermeable (m.) raincoat
impetuoso impetuous
importador (m.) import
importar to be important, to matter
imprescindible essential
impresionar to impress
impreso (piece of) printed matter, printed
impuesto tax
ser — to be imposed
inaudito unheard of
incaico Inca
incalificable unspeakable
incapaz incapable
incendiar to burn, to set fire to
incendio fire
incentivo incentive
incluir to include
inclusive including
incombustible fireproof

inconexo unconnected
inconstante fickle
inconveniente inconvenience, objection, inconvenient
incorrupto uncorrupted, incorrupt
incrementar to increase
increíble incredible, unbelievable
indefinidamente without limits
indemnización (f.) compensation
independizarse to gain independence
índice (m.) index
indicio indication
indigencia indigency
indio Indian
indispensable indispensable
indócil wild, unmanageable
indulgente indulgent
indumentaria clothing
inequívocamente unmistakably
inesperado unexpected
inexactitud (f.) inexactness
inferior lower
informarse to inform oneself
informes (m.) information
infractor (m.) violator
ingeniero engineer
Inglaterra England
ingresar (a) to go into
ingreso income
iniciar(se) to begin
inmediato immediate
  de — immediately
inolvidable unforgettable
inquietud (f.) uneasiness, restlessness
inquilino tenant
insaciable insatiable
inscribirse to check in, to register
insidioso insidious
instalado installed
instante (m.) instant, moment
  a cada — all the time, constantly
íntegro integral, whole
intentar to try
intento attempt, effort
interminable unending
internar(se) to go into
intérprete (m. or f.) (entertainment) artist, interpreter
interrogado person questioned
interrogar to question
intervenir to intervene
intransitable impassable
inundación (f.) sinking
inversión (f.) investment
inverso other side
invertir to invest
invitado guest
inyección (f.) shot, injection
  poner una — to give a shot
ir de mal en peor to go from bad to worse
irlandés (m.) Irish
irreal unreal
irritante irritating
irse to check out, to go away
itinerario trip, itinerary
izquierdo left

J

jabón (m.) soap
jactarse to brag, to boast
jadeante out of breath, panting
japonés (m.) Japanese
jardín (m.) garden
jardinería gardening
jefe de redacción (m.) editor-in-chief
jinete (m.) rider
jornal (m.) daily wage
joya jewel
jubilado retired
jubilarse to retire
juego game
  hacer — to make a match, to match
juez (m.) judge
jugada play, move
jugador (m.) player

jugar to play
jugo juice
juguete (m.) toy, play thing
juicio judgment, trial
junta militar military junta
jurado jury
justamente exactly
justificable justifiable
justificado justified
justificar to justify
juzgar to judge

L

laboral work, labor
labrar to work, to till, to farm
lado side
  por otro — on the other hand
ladrar to bark
ladrón (m.) thief, robber
lagunilla pond
lamentar to feel (be) sorry
lámpara lamp
lana wool
langosta lobster
lanzar to throw, to pour
largo long, length
  a la larga in the long run
  a lo — along
lástima shame, pity
  dar — to cause pity
latir to beat
lavadora washer
lavar to wash
lazada lassoing
lector (m.) reader
lectura reading
lechuga lettuce
legalizar to legalize
lejano far, far away
lesionado wounded
letra letter, handwriting
letrero sign
levantamiento uprising
libertad (f.) freedom
libertar to free
ligero light
limosna alms
limpiaparabrisas (m.) windshield wipers
limpiar to clean
lindero bordering, adjoining
lingote (m.) ingot
lingüística linguistics
linterna lantern, flashlight
liquidación (f.) sale
liquidar to pay, to clear up a bill
lisiado injured
listo ready
litigio lawsuit, litigation
litro liter
liviano light
local (m.) place
localidad (f.) seat, location
localización (f.) location
localizar to find
locomotora locomotive
locutor (m.) announcer, commentator
lodo mud
lograr to succeed in, to achieve
Londres London
lotería lottery
lucha fight, quarrel
  — libre wrestling
luchar to struggle
luego then
  desde — of course
lugar place
  dar — a to give rise to
  en — de in place of
  tomar — to take place
lujo luxury
lujoso luxurious
luna de miel honeymoon
luneta main floor (in theater)
lustrar to shine

LL

llama flame
llamada call
  — por cobrar reverse charge call
llamarse to be named, to be called
llano plain
llanta tire
llave (f.) key, faucet
  — de tuercas (f.) wrench
llenar to fill
lleno full
llevar to carry, to take
  — a cabo to carry out
llorar to cry
llover to rain
  — a cántaros to pour, to rain cats and dogs

M

machismo machismo, display of manliness
madera wood
madrugada early morning
madurar to mature
maduro mature
magistrado magistrate
maitre (m.) maitre d'
maizal (m.) cornfield
maleta suitcase
  hacer la — to pack
manada herd, flock
manchar(se) to stain
manecilla hand (of a watch), handle
manejar to drive, to manage, to direct, to work
manejo handling, management
manga sleeve
manguera hose
manifestación (f.) demonstration
manifestarse to show up
maniquí (m.) manikin
mano (f.) hand
  a — by hand
  de primera — first hand
  — a — hand in hand
  — de obra manual labor
  segunda — second coat
manos, traer entre to have pending
mantener to maintain
manuscrito script, manuscript
mañoso clever, tricky
maquillaje (m.) make-up
máquina machine
  escribir a — to typewrite
maquinaria machinery
maquinista (m. or f.) (railroad) engineer
mar (m.) ocean, sea
maravilla marvel
marca brand, make
marcar to dial
marcha march
  poner en — to start, to get going, to put into effect
marginado social someone who lives on the fringe of society
mariguana marijuana
marina de guerra navy
mariscos shellfish
martillero pounding
martillo hammer
máscara mask
matafuegos fire extinguisher
mate (m.) mate (Argentine tea)
materia material
  materias primas raw materials
matinal (of the) morning
matricularse to enroll
matrimonio (married) couple, marriage
mayonesa mayonnaise
mayor great, greater
  al por — wholesale
  — de edad adult
mayoría majority

mazorca ear of corn
mecanógrafo typist
mecedor swinging, rocking
mediados, a — de at the middle of
mediano average
mediante by means of, through
medicamento medicine
medida measure
  a la — made to size
  a — que as, while
medio environment
mediocre mediocre
medir to measure
meditabundo pensive, meditative
Mediterráneo Mediterranean
mejorar to improve
menos mal so much the better
mensaje (m.) message
mensajero messenger
menta mint
mente (f.) mind
  tener en — to keep in mind
mentira lie
menudeo retail
  al — retail
mercancía merchandise
merecer to deserve
metro subway
metrópoli (f.) metropolis
mezclado mixed
microbio germ
miedo fear
miel (f.) honey
mientras while
militar military
millar (m.) thousand
minado mined
ministro minister
  — de estado secretary of state
minoría minority
minucioso minute
mirada glance, look
  echar una — to give a glance
mitad (f.) half
mobiliario furniture
mochila back pack
moda style, fashion
  estar de — to be in fashion
modificar to modify
modo mode, custom, way
  a — de like, in the manner of, on the order of
  en cierto — to a certain degree
mojar to wet, to moisten
  mojarse to get wet
moldear to mold, to fit the shape of
molestar to bother
molestia bother, annoyance
molesto annoyed
momento moment
  de — for the moment, just now
moneda currency, money, coin
monólogo interior interior monologue
monóxido carbónico carbon monoxide
montar to ride horseback, to mount
montón (m.) pile, quantity
mordisquear to chew at
mostrador (m.) counter
motivo motive
movible movable
movilizar to mobilize
mozo waiter, bellboy
mucama maid
muchedumbre (f.) crowd
mudanza move
mudarse to move
muebles (m.) furniture
muelle (m.) dock, pier
muestra sample, example
mugido mooing, lowing
multar to fine, to give a ticket
mundial worldwide
muñeca wrist, doll
murmurar to murmur, to mumble

músico musician

N

nacimiento birth
nadie nobody, no one
natación (f.) swimming
natalidad (f.) birthrate
naturaleza nature
náufrago shipwrecked person
navaja (razor) blade
Navidad (f.) Christmas
nebuloso clouded, cloudy, nebulous
necesidad (f.) need
necesitado needy
negar to deny, to refuse
negocio business
neoyorquino New Yorker
nerviosidad (f.) nervousness
neumático tire
neurología neurology
neurólogo neurologist
nevada snowfall
nevado snow-covered
nevar to snow
nieto grandson
ninguno any, no, none
niñez (f.) childhood
nivel (m.) level
nocivo harmful, noxious
nocturno night, nocturnal
noche (f.) night
  de — at night
nombrar to name
norma norm
nota de pedido order
noticias news
noticiero news broadcast
notoriedad (f.) notoriety
novedoso novel, new, innovative
novicia novice
novillada herd of young cattle
novillo young steer
nube (f.) cloud
núcleo nucleus
nudo knot
nuevo new
  de — again
número number, size (clothing)

O

obispo bishop
obligado obliged
  verse — a to be obliged to, to have to
obrero worker
obstetricia obstetrics
obstruido blocked
obstruir to block
obtención (f.) obtaining
obtener to get, to obtain, to secure
obvio obvious
ocasionar to cause
occidental Western
ocultar(se) to hide
ocuparse de to be occupied with
odio hate
odontología dentistry
oeste West
ofender to offend, to insult
ofensor (m.) offender
oferta offer
oficial (m.) officer
oficinista (m. or f.) office employee
oficio job, function
oftalmología ophthalmology
oído ear
  al — in the ear
  —, nariz y garganta ear, nose, and throat
oír to hear, to listen
ojal (m.) buttonhole
ola wave
oleada wave, surge

oleoso oily
oler to smell
olimpiada Olympics
olor (m.) smell
olvidar to forget
olvido oblivion
ondulado permanente permanent wave
operar to operate
operario worker, machine operator
opinar to have (give) an opinion
optar por to opt for
opuesto opposite
oración (f.) sentence
orden (m. or f.) order
  a sus órdenes at your service
ordenar to order
orgullo pride
oriente (m.) east
  Lejano Oriente Far East
originar(se) to originate, to come from
orilla shore
ostión (m.) oyster
oveja sheep
  cada — con su pareja to each his own
oxígeno oxygen
oyente (m. or f.) auditor

P

pabellón (m.) pavilion
padecer to suffer
paga pay
pagar to pay
página page
pago payment, salary
pájaro bird
pala shovel
palabra word
palacio palace
palmada slap
  dar una — to clap one's hands
palpar(se) to touch
palpitación (f.) heartbeat
pampa pampa (Argentine plains)
panadería bakery
pandereta tambourine
pantalones (m.) trousers
pantalla screen
paño cloth, tunic
pañuelo handkerchief
papel (m.) role
paquete (m.) package
par equal
  a la — at the same time, equally
parachoques (m.) bumper
parada stop (bus, taxi, etc.)
paralizarse to become paralyzed
parar(se) to stop
parcialidad (f.) partiality
pardo brown
parecer opinion, to seem
parecerse a to look like, to be like
parecido similar, similarity
pared (f.) wall
pareja couple
pariente (m. or f.) relative
parrilla broiler, toaster
  a la — broiled, grilled
parroquiano customer
parte (f.) part
  por — de on the part of
particular private
partido political party, game, match
pasaje (m.) passage, ticket
pasajero passenger
pasaporte (m.) passport
pasar to come (go) in, to happen
paso step
  dar pasos to take steps
pastel (m.) pastry, cake
pastilla tablet, pill
pasto grass
pastor (m.) pastor
  — alemán German shepherd
patente evident

patillas sideburns
pato duck
patria mother country
patrocinar to patronize, to sponsor
patrón (m.) boss
patrulla patrol
patrullar to patrol
pavor (m.) fear, alarm
peatón (m.) pedestrian
pedagogía pedagogy, education
pedazo piece
pediatría pediatrics
pedido order
  a — de on the request of
pedir to ask for, to request
pegado a fastened to, pasted to
pegadura mending
pegar to stick, to hit
peinado hairdo, coiffure
peinar(se) to comb
peine (m.) comb
pelear to fight, to argue
película film
peligro danger
peligroso dangerous
pelota ball
peluquero hairdresser
pena punishment, penalty
  — capital capital punishment
  tener — to feel ashamed, to feel embarrassed
  valer la — to be worth the effort
péndulo pendulum
pensamiento thought
pensar to intend
pensativo pensive
pensión (f.) pension, boarding house
peonada gang of workers
percibir to perceive, to make out
perder to lose, to miss (appointment, bus, etc.)
  — cuidado to stop worrying, not to worry
pérdida loss
pereza laziness
periodismo journalism
periodista (m. or f.) newspaper reporter, writer
perjudicial prejudicial, harmful
perjurio perjury
permanecer to remain
permiso permission
perseguido someone being chased
perseguidor (m.) chaser
perseverancia perseverance
personaje (m.) character, personage
personal personnel
pertenecer to belong
pertenencias belongings
peruano Peruvian
pesa weight
pesadilla nightmare
pesado heavy, slow
pesar to weigh
  a — de in spite of
pesca fishing
pescado fish
pésimo bad, terrible
peso weight
pestaña eyelash
  quemarse las pestañas to burn the midnight oil
petición (f.) request
petiso a type of horse
petróleo oil
pezuña hoof
picante hot, spicy
pico peak
pie (m.) foot
  a — on foot
  al — de la letra completely, literally
  ponerse de — to stand (get) up
piel (f.) skin
pieza piece, part
pila fountain

píldora pill
  — anticonceptiva birth control pill
pincel (m.) artist's (paint) brush
pinta spot, mark
  tener buena (mala) — to look good (bad)
pintura painting, paint
piña pineapple
piropo compliment
pisar to step (on)
piscina swimming pool
piso floor, apartment, flat
pito whistle
placa license plate
placer (m.) pleasure; to please
plaga pest, scourge
plancha sheet (of metal)
planchar to iron, to flatten out
planeación familiar (f.) family planning
planear to plan
planificación familiar (f.) family planning
plano city map, level, plan
planta armadora assembly plant
planta baja ground (first) floor
plateado silvery
platicar to chat, to talk
platillo dinner course
plazo time span
  a plazos on time
pleito lawsuit
plomero plumber
población (f.) population
poco little
  por — almost
poder (m.) power
  no — más not to be able to take any more, to have had it
polea pulley
polémico polemic, controversial
policíaco of or pertaining to the police
política policy, politics
político politician
póliza (insurance) policy
pollo chicken
polvo dust, powder
polvoreda cloud of dust
pómulo cheek (bone)
poner to turn on, to put
ponerse to become
  — de acuerdo to agree, to reach agreement
  — en contacto to get in touch
por supuesto of course
porcentaje (m.) percentage
portarse to behave
portátil portable
portero doorman, porter
porvenir (m.) future
poseer to posess, to have
posibilitar to make possible
postre (m.) dessert
potrillo colt
precio price
precioso precious, cute
precisamente exactly
preciso precise
predilecto favorite
predisponer to predispose
predominar to predominate
prejuicio prejudice
prenda article of clothing
premio prize
  — gordo first prize
prensa press
prensar to press
preocupación (f.) worry
preocuparse to worry
preparar(se) to prepare, to get ready
preparativo preparation
prescindir to get along without
presenciar to see, to witness, to be present (at)
presentir to have a presentiment of
presidio prison

presión (f.) pressure
— **arterial** blood pressure
preso prisoner
préstamo loan
prestar to loan
presupuesto budget
prevenir to prepare, to make ready, to prevent
prima (policy) premium
primero first
principiante (m. or f.) beginner
prisa hurry, rush
darse — to hurry
probar to try
procedencia origin, background
procedente de (coming) from
proceder to proceed, to come from
procesar to sue
proceso lawsuit
procrear to procreate
procurar to try
profe (m. or f.) prof, professor
profesorado faculty
profundidad (f.) depth
programación (f.) programming
prohibir to prohibit
promover to promote
pronto soon
de — suddenly
propaganda advertising, propaganda
propensión (f.) propensity
propiedad (f.) property
con — with accuracy
propina tip
propinar to treat, to prescribe
propio own, characteristic
proponer to propose
propósito purpose
a — by the way, on purpose
propuesta proposal
proteger to protect
proteína protein
provisión (f.) provision
provisto de provided with
provocar to cause, to tempt
próximo coming, upcoming, next
proyectar to protect
proyectil (m.) projectile, rocket
proyecto project
prueba proof
psiquiatría psychiatry
publicidad (f.) advertising
pueblo people, town
puente (m.) bridge
puerta door
— **corrediza** sliding door
— **giratoria** revolving door
puertorriqueño Puerto Rican
puesto position, job
pugnar to strive
pulir to polish, to clean
pulmón (m.) lung
pulmonía pneumonia
punta point, tip
punto point of time
a — de on the verge of
en — exactly
— **de interrogación** question mark
— **medio** halfway point
puñado fistful
puñetazo blow with the fist
puño fist

Q

quebrar to go bankrupt, to break
quedar to remain, to have left (over), to fit, to look
quedarse con to keep, to retain
queja complaint
quejar(se) to complain
quejón (m.) complainer, complaining
quejumbroso moaning, complaining
quemadura burn
quemar to burn
querámoslo o no whether we like it or not

quienquiera whoever, whomever
químico chemical, chemist
quinto fifth
quirófano operating room
quitar to take away

R

rabia anger
radiografía X ray
  sacar — to take an X ray
raíz (f.) root
rama branch
ramo branch
rango rank
ras (m.) level
  al — de on the level with
rasgo characteristic
rasgón (m.) tear, rip
raso satin
rasurar to shave
ratería shoplifting, theft
rato short while
  a cada — continually, all the time
raya stripe, part
  a rayas striped
  de rayas striped
  hacer(se) la — to part (hair
rayo ray
raza race, breed
razón (f.) reason
  tener — to be right
razonamiento reasoning
reaccionar to react
reajuste (m.) readjustment
realista realistic
realizar to realize, to fulfill
reanudar to renew
rebaja discount
rebajar to reduce (prices)
rebelde (m.) rebellious; rebel
rebeldía rebelliousness
rebotar to bounce
recelo distrust, fear
recepción (f.) front desk, reception
receta de cocina recipe
recetar to prescribe
recibirse to graduate
recibo receipt
recinto enclosure
reclamar to demand, to complain
reclutamiento recruiting, recruitment
reclutar to recruit
recobrar to claim, to collect, to recover
recoger to pick up, to collect, to get
recordar to remind, to remember
recorrido trip, drive
recortar to trim
recostado lying down, prone
recostar to recline
recreo recreation
rector (m.) university president
recuerdo memory
recurrir(se) (a) to resort to, to use
recurso resource
red (f.) net, network
redactar to edit
reemplazar to replace
referir(se) (a) to refer
reflector (m.) spotlight
reflejar to reflect
reforzar to reinforce
refrán (m.) adage, saying
refrenar to control
refrescar to refresh
refugiado refugee
refunfuñador grumbling, growling, complaining
regalar to give as a gift
regar to water, to irrigate
regatear to bargain, to haggle
regateo bargaining process
régimen (m.) diet, regime
regir to control, to guide
regla rule, order
  en — in order

reglamento law, rule, ruling
rehén (m.) hostage
reincidente second-time offender
reír(se) to laugh
reiterado continuous
relacionar to relate
  relacionar(se) (con) to be related (to)
relámpago streak of lightning
relojería watch shop
relojero one who repairs watches
remedio remedy
  no quedar más — to exist no other course of action
remitente (m. or f.) sender
remitir to remit, to forward, to send
remo rowing
remolcador (m.) tow (truck, boat)
remolino swirl
renovación (f.) renovation, modernizing
renovar to renew, to renovate
renta income
rentar to rent
renunciamiento renunciation
renunciar (a) to give up
reñir(se) to argue, to fight
reo criminal
reparación (f.) repair
reparar to repair
repartir to divide
repasar to go over
repentinamente suddenly
repisa shelf, rack
reportaje (m.) news coverage, story
reposar to rest
reposo rest
reprender to scold
representante (m. or f.) representative
reprimido repressed
reprobado fail, failed
repuesto depository
  de — spare
requerir(se) to require
requerimiento requirement
requisito requirement
res (f.) steer
resarcirse (de) to make up for
resbaloso slippery
rescatar to rescue
rescate (m.) rescue
resentido resentful
resero cowboy
residir to reside
resolver to solve
  resolver(se) to be resolved
respecto respect
  al — with regard to, in this regard
  con — a with regard to
respetar to respect
respeto respect
resplandecer to shine
resplandor (m.) glow
responsabilizarse (por) to be responsible for
restituir to restore
restringir to restrict
resuelto firm, definitive
resultar to turn out, to be
retaguardia rear guard
retener to hold, to retain, to keep
retirada retreat
retirar(se) to withdraw
retrasado behind, delayed
retrasar(se) to be delayed
retroceder to move back
reunir(se) to get together
reventar(se) to explode
revés (m.) reverse
  al — in the reverse, on the other side
revestir to take on
revisar to check, to inspect
revista musical musical review
revocar to revoke
revueltos scrambled (eggs)
riego irrigation, watering

riel (m.) rail
riendas reins
riesgo risk
rincón (m.) corner
riqueza wealth
ritmo rhythm
  a — in (the) rhythm, in time
rizo curl
robo robbery, theft
rodar to roll
rodeado de surrounded by
rodear to surround
rodeo roundup
  hablar sin rodeos to get to the point, to talk directly
rodilla knee
rogar to urge
romper to break
rosado rosé, pink
rostro face
rotundo complete, full
ruido noise
ruidoso noisy
rumbo direction
  — a on the way to, in the direction of
ruptura break
rutina routine

S

sábana sheet
saber a to taste like
sabroso tasty, pleasant
sacar to make, to take out, to stick out
  — a luz to bring to light, to uncover
sacerdote (m.) priest
saco sport coat, sack, bag
sacudimiento shaking
sala de recreo recreation room
salado salty
salar to salt
saldo balance, difference
salida exit
saliente salient
salsa de tomate catsup
salto (high) jump
salvaje wild, savage
salvo safe
  a — safe, out of danger
  — que unless
sangre (f.) blood
santo y seña (m.) password
sargento sergeant
satisfacer to satisfy
sazonar to season
secador (m.) dryer
secar to dry
seco dry
secuestro skyjack, kidnap
seda silk
sede (f.) headquarters
seguido continual, in a row
seguir to continue, to follow
según according to
seguridad (f.) safety, assurance
seguro insurance, safe
sellar to place a seal, to stamp
sello stamp
semáforo traffic light
semana week
  los días entre — weekdays
semanal weekly
sembrar to seed
semejante similar
semejanza similarity
senador (m.) senator
sencillo single (room), simple
sensibilidad (f.) sensibility
sentarse to sit down
sentencia sentence, punishment
sentido sense
  en — opuesto in the opposite direction
señal (f.) sign
señalar to point out
séptimo seventh
ser humano (m.) human being

serio serious
  en — seriously
servicio de cuarto room service
servilleta napkin
servirse de to utilize, to make use of
sexto sixth
sien (f.) temple
sierra saw, cutting machine, mountain range
siglo century
significativo significant
signo sign
  signos vitales vital signs
siguiente following
silbar to whistle
silla de ruedas wheelchair
simpatizante (m. or f.) sympathizer
simpatizar (con) to sympathize
simultáneo simultaneous
sindicato union
sinfonía symphony
sinnúmero large number, endless
sino but (rather)
sinónimo synonym
síntoma (m.) symptom
sinvergüenza rascal, shameless person
siquiera even
  ni — not even
soborno bribe
sobrepasar to overtake
sobresaliente outstanding
sobrina niece
socio (business) partner
sofocación (f.) choking, lack of oxygen
soga rope
solar (m.) family manor
solas alone
  a — alone, confidentially
soldado raso enlisted soldier
soledad (f.) loneliness
soler to be usual, to be customary, to be accustomed to
solicitar un empleo to look for a job
solícito obliging, diligent
solicitud (f.) application
soltura ease
sollozo sob
sombra shadow
sonar to ring, to sound
sonreír to smile
sonrisa smile
soñar con to dream of
soplar to blow
sopor (m.) drowsiness
soportar to stand, to bear
sorprendente surprising
sorpresa surprise
sospecha suspicion
sospechar to suspect
sospechoso suspicious
sostener to maintain, to support
sótano (m.) basement
suave soft, gentle
suavizar to soften, to calm
subdesarrollado underdeveloped
subida increase
subir to go up, to come up, to raise
súbitamente suddenly, unexpectedly
súbito sudden
sublevarse to revolt
subrayado underlined
suceder to happen
sucio dirty
sucursal (f.) branch office
sudar to perspire, to sweat
sudoeste southwest
sudor (m.) sweat
sudoroso sweaty
suegra mother-in-law
sueldo salary
suelo ground, soil, floor
sueño sleep, dream
sufrimiento suffering
sugerencia suggestion
  llevar — to have a connotation, to imply
sugerir to suggest
sujeto subject
sumadora adding machine

sumamente very
suministrar to furnish, to provide
superar to overcome, to rise above
superficie (f.) surface
superstición (f.) superstition
surgir to arise, to appear
surtido (m.) supply, stock
suspensión temporal (f.) temporary layoff
sustancia substance, element
susto fear, surprise
sutil subtle

T

tablero board, dashboard
tachar to erase, to strike out
tacón (m.) heel
tal such
  un — one (a) certain
  — vez perhaps
taladrar to drill
talón (m.) stub
talonario de cheques (m.) check-book
talla size (clothes)
tallar to carve
taller (m.) workshop, auto repair shop
tamaño size
tampoco neither, either
tan so
tanque (m.) tank
tanto such, so much
  entre — in the meantime
  no ser para — not to be so (terribly) important
  por — therefore
  — . . . como as much as
tantos score
tapa top
tapete (m.) carpet
taquígrafo stenographer
taquilla ticket (office) window
tardar to delay, to take a long time
tarde (f.) afternoon; late
  hacerse — to become late
  — o temprano sooner or later
tarea task
tarifa rate
tarjeta card
taxímetro meter
taxista (m. or f.) taxi driver
técnica technique
techo roof, ceiling
tela cloth
telefonista (m. or f.) operator
telegrama (m.) telegram
  poner un — to send a telegram
televisor (m.) television set
tema (m.) theme, topic
temblar to shiver, to shake
temblor (m.) earth tremor
tempestad (f.) storm
templo temple
temporada season
temporal temporary
tenaz tenacious
tender (a) to tend
tendero shopkeeper
tenedor (m.) fork
tener que to have to
teniente (m.) lieutenant
tentación (f.) temptation
tentativa attempt
tenue tenuous, light
teñir to dye, to color
término term
  — medio medium (cooked)
  en primer — in the foreground
ternura tenderness
terraza terrace
terremoto earthquake
terreno lot, plot of land
testigo (presencial) (eye) witness
tez (f.) skin, complexion
tiempo time
  a — on time
tienda store
tierno tender, young